fromages et vins

HACHETTE

SOMMAIRE

Des fromages

On découvrira dans cet ouvrage une cinquantaine de fromages du patrimoine gastronomique français, variés et typiques, fruits d'un savoir-faire traditionnel et d'un terroir limité qui contribuent à leur originalité. Ce lien au terroir a valu à la plupart d'entre eux de bénéficier d'une appellation d'origine contrôlée.

... et des vins

Ces fromages, nos experts les ont dégustés avec un ou plusieurs vins spécialement choisis. Des accords classiques ou insolites, dont ils rendent compte avec autant de précision que de gourmandise. Fromages et vins sont décrits, à l'œil, au nez et en bouche, séparément et dans leur interaction. Chaque fois qu'ils sont pertinents, les accords locaux sont privilégiés, pour inciter l'amateur à autant de périples gastronomiques dans les régions de production.

Certains de ces vins étant de diffusion restreinte, on pourra se reporter à l'encadré « vins d'accompagnement » : cette rubrique recommande un ou plusieurs styles de vins et donne une liste (non exhaustive) d'appellations qui conviennent également. On consultera aussi avec profit les pages 14 et 15 qui fournissent des conseils généraux d'accords entre fromages et vins.

LES LIVRETS DU VIN

fromages et vins

Tout savoir sur les accords...

Les fromages sont classés par ordre alphabétique strict, toutes régions confondues.

Région de production

Date de reconnaissance de l'appellation

Localisation

Nom du fromage

Accords idéals : des vins dégustés avec le fromage par nos experts

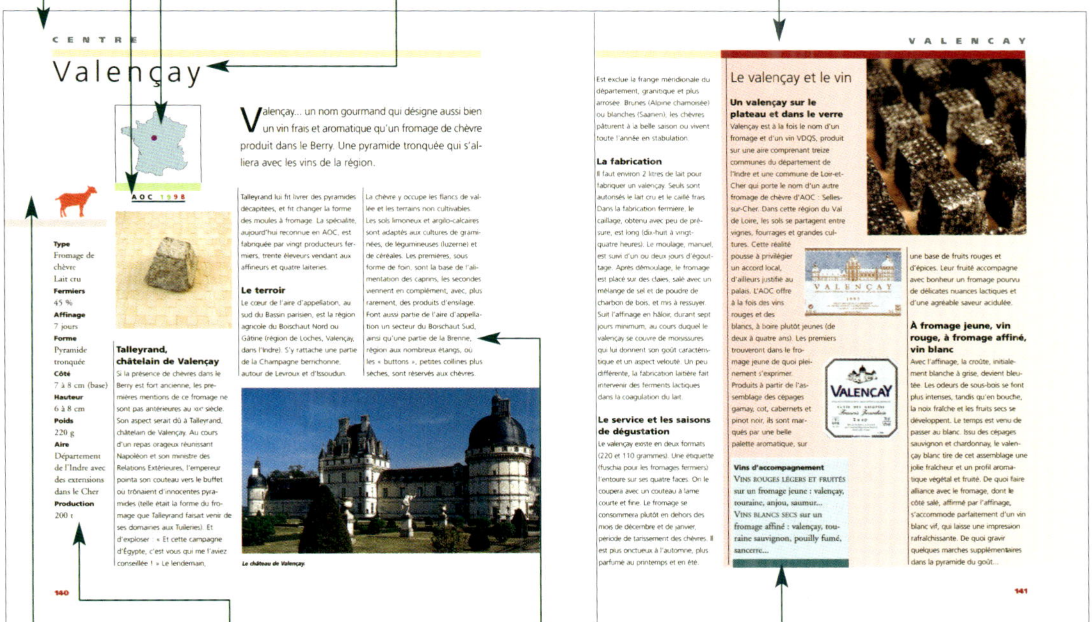

CENTRE

Valençay

AOC 1998

Type
Fromage de chèvre
Lait cru
Fermiers
45 %
Affinage
7 jours
Forme
Pyramide tronquée
Côté
7 à 8 cm (base)
Hauteur
6 à 8 cm
Poids
220 g
Aire
Département de l'Indre avec des extensions dans le Cher
Production
200 t

Valençay... un nom gourmand qui désigne aussi bien un vin frais et aromatique qu'un fromage de chèvre produit dans le Berry. Une pyramide tronquée qui s'alliera avec les vins de la région.

Talleyrand, châtelain de Valençay

Si la présence de chèvres dans le Berry est fort ancienne, les premières mentions de ce fromage ne sont pas antérieures au XIXe siècle. Son aspect serait dû à Talleyrand, châtelain de Valençay. Au cours d'un repas orageux réunissant Napoléon et son ministre des Relations Extérieures, l'empereur pointa son couteau vers le buffet où trônaient d'innocentes pyramides (telle était la forme du fromage que Talleyrand faisait venir de ses domaines aux Tuileries). Et d'exploser : « Et cette campagne d'Égypte, c'est vous qui me l'aviez conseillée ! » Le lendemain, Talleyrand lui fit livrer des pyramides décapitées, et fit changer la forme des moules à fromage. La spécialité, aujourd'hui reconnue en AOC, est fabriquée par vingt producteurs fermiers, trente éleveurs vendant aux affineurs et quatre laiteries.

Le terroir

Le cœur de l'aire d'appellation, au sud du Bassin parisien, est la région agricole du Boischaut Nord ou Gâtine (région de Loches, Valençay, dans l'Indre). S'y rattache une partie de la Champagne berrichonne, autour de Levroux et d'Issoudun. La chèvre y occupe les flancs de vallée et les terrains non cultivables. Les sols limoneux et argilo-calcaires sont adaptés aux cultures de graminées, de légumineuses (luzerne) et de céréales. Les premières, sous forme de foin, sont la base de l'alimentation des caprins, les secondes viennent en complément, avec, plus rarement, des produits d'ensilage. Font aussi partie de l'aire d'appellation un secteur du Boischaut Sud, ainsi qu'une partie de la Brenne, région aux nombreux étangs, où les « buttons », petites collines plus sèches, sont réservés aux chèvres.

Le château de Valençay

140

VALENCAY

Est exclue la frange méridionale du département, granitique et plus arrosée. Brunes (Alpine chamoisée) ou blanches (Saanen), les chèvres pâturent à la belle saison ou vivent toute l'année en stabulation.

La fabrication

Il faut environ 2 litres de lait pour fabriquer un valençay. Seuls sont autorisés le lait cru et le caillé frais. Dans la fabrication fermière, le caillage, obtenu avec peu de présure, est long (dix-huit à vingt-quatre heures). Le moulage, manuel, est suivi d'un ou deux jours d'égouttage. Après démoulage, le fromage est placé sur des claies, salé avec un mélange de sel et de poudre de charbon de bois, et mis à ressuyer. Suit l'affinage en hâloir, durant sept jours minimum, au cours duquel le valençay se couvre de moisissures qui lui donnent son goût caractéristique et un aspect velouté. Un peu différente, la fabrication laitière fait intervenir des ferments lactiques dans la coagulation du lait.

Le service et les saisons de dégustation

Le valençay existe en deux formats (220 et 110 grammes). Une étiquette (fuschia pour les fromages fermiers) l'entoure sur ses quatre faces. On le coupera avec un couteau à lame courte et fine. Le fromage se consommera plutôt en dehors des mois de décembre et de janvier, période de tarissement des chèvres. Il est plus onctueux à l'automne, plus parfumé au printemps et en été.

Le valençay et le vin

Un valençay sur le plateau et dans le verre

Valençay est à la fois le nom d'un fromage et d'un vin VDQS, produit sur une aire comprenant treize communes du département de l'Indre et une commune de Loir-et-Cher qui porte le nom d'un autre fromage de chèvre d'AOC : Selles-sur-Cher. Dans cette région du Val de Loire, les sols se partagent entre vignes, fourrages et grandes cultures. Cette réalité pousse à privilégier un accord local, d'ailleurs justifié au palais. L'AOC offre à la fois des vins rouges et des blancs, à boire plutôt jeunes (de deux à quatre ans). Les premiers trouveront dans le fromage jeune de quoi pleinement s'exprimer. Produits à partir de l'assemblage des cépages gamay, cot, cabernets et pinot noir, ils sont marqués par une belle palette aromatique, sur une base de fruits rouges et d'épices. Leur fruité accompagne avec bonheur un fromage pourvu de délicates nuances lactiques et d'une agréable saveur acidulée.

À fromage jeune, vin rouge, à fromage affiné, vin blanc

Avec l'affinage, la croûte, initialement blanche à grise, devient bleutée. Les odeurs de sous-bois se font plus intenses, tandis qu'en bouche, la noix fraîche et les fruits secs se développent. Le temps est venu de passer au blanc. Issu des cépages sauvignon et chardonnay, le valençay blanc tire de cet assemblage une jolie fraîcheur et un profil aromatique végétal et fruité. De quoi faire alliance avec le fromage, dont le côté salé, affirmé par l'affinage, s'accommode parfaitement d'un vin blanc vif, qui laisse une impression rafraîchissante. De quoi gravir quelques marches supplémentaires dans la pyramide du goût...

Vins d'accompagnement

VINS ROUGES LÉGERS ET FRUITÉS sur un fromage jeune : valençay, touraine, anjou, saumur...
VINS BLANCS SECS sur un fromage affiné : valençay, touraine sauvignon, pouilly fumé, sancerre...

141

Type de lait

vache

chèvre

brebis

Fiche technique : Le fromage en quelques mots et en quelques chiffres

Tout savoir sur le fromage
- histoire
- terroir
- fabrication
- service

Vins d'accompagnement
Pour élargir le choix : types de vins recommandés avec d'autres exemples

Les bouteilles, étiquettes et propriétés viticoles mentionnées ne sont pas publicitaires et répondent au seul choix de l'Éditeur.

Découvrir...
l'histoire du fromage

L'histoire du fromage semble remonter aux origines de l'élevage. Brebis et chèvres commencent à être domestiquées en Orient à la fin du néolithique. Dans la révolution des mentalités et des techniques qui permettra la gestion des ressources alimentaires dans la durée, puis l'intensification des échanges, le fromage, laitage de longue conservation, tient un rôle précoce. Sa consommation s'est popularisée de longue date dans toute l'Europe, et en particulier en France.

Le bassin méditerranéen : la chèvre avant la vache

Les premiers fromages sont orientaux. Le produit est répandu dans la Palestine antique, comme l'atteste la « vallée des Fromagers » évoquée par l'historien Flavius Josèphe.

On connaît mieux le fromage des Grecs et des Romains, grands amateurs de cette denrée. Les termes qui le désignent renvoient souvent à sa forme : le grec *tyros* suggère une figure ronde ; le latin *formaticum* désigne le pain de caillé moulé dans une forme, et a donné les mots français ou italien fourme, fromage et *formaggio*, à côté de *caseus/caseum*, qui a fourni en français les mots savants désignant des composants du lait.

On trouve trace du fromage dès les origines de la civilisation grecque, dans l'œuvre d'Homère et d'Hésiode. Élément de la ration quotidienne du soldat athénien, cette denrée constitue le laitage le plus répandu dans les populations urbaines. Du fromage de brebis et surtout de chèvre, car il faut attendre le courant du IIe siècle avant J.-C. pour voir les productions à base de lait de vache se répandre dans le monde méditerranéen, sous l'influence du marché italien et avec le développement des régions du Nord de la Grèce.

Dès l'Antiquité, des techniques éprouvées

La fabrication des fromages, dans l'Antiquité, se fait de l'équinoxe de printemps à celle d'automne. Les Anciens ont montré une excellente connaissance des exigences de cette production, ainsi qu'une bonne maîtrise des techniques fromagères. On faisait cailler le lait en y jetant quelques gouttes de lait aigri ou de vinaigre, des produits végétaux (suc de figuier, fleur de chardon...), du poivre ou du sel minéral brûlé, ou encore une sorte de présure, avant de remuer longuement. Le pain de caillé était alors égoutté dans des éclisses, pressé, salé au sel de mer, puis lavé à l'eau claire ou saupoudré de sel brûlé. Il existait aussi un fromage instantané, fabriqué et consommé sur-le-champ par les bergers italiens à partir de lait à peine tiré et réduit à chaud, puis pressé à la main.

Spécialités antiques

Le fromage, tant à Rome qu'en Grèce, est l'un des ingrédients de la cuisine. Une sorte de soupe froide, mêlant du fromage dur râpé, de la farine et du vin, est ainsi mentionnée dans l'Iliade. À Rome, le produit entre dans la composition d'une bouillie de céréales appelée *puls*, dont nous avons conservé des recettes par Caton l'Ancien et Apicius.

Les fromages antiques les plus renommés ? Le Salonite, fromage de vache né sur le littoral turc de l'Égée ; les chèvres fumés de Syracuse en Sicile, fort appréciés des Grecs ; une spécialité de fromage encore frais, au goût de fumé, élaboré dans le quartier du Vélabre à Rome ; les énormes disques d'une trentaine de kilos, fabriqués dans la région de Luna, estampillés au nom de la ville. Et la Gaule ? Ses fromages ne valent pas les productions italiennes, à en croire Pline l'Ancien. Les meilleurs viennent de Nîmes, de l'actuelle Lozère et du Gévaudan.

***La laitière** de J.F. Millet.*
Dans l'économie paysanne traditionnelle, la fabrication des fromages était souvent l'affaire des femmes.

Les fromages en leur terroir

Ces techniques de l'Antiquité, encore attestées dans le monde méditerranéen, n'ont guère varié de l'Antiquité à l'époque moderne.

Dans les campagnes enclavées du Moyen Age et de la France pré-industrielle, des fabrications, adaptées aux conditions naturelles, se transmettent et se perfectionnent peu à peu : volumineux fromages de garde à pâte pressée dans les reliefs, pâtes molles dans les régions moins difficiles d'accès. Ces productions, en montagne, marquent profondément la vie sociale, avec des structures communautaires de gestion des pâturages, dans les Pyrénées, et même, dans les Alpes et le Jura notamment, des pratiques de production en commun (fruitières). Comme en viticulture, les abbayes ont leur part dans la mise en valeur des herbages, autour de Munster, de Maroilles, d'Abondance, d'Époisses et d'ailleurs. La faveur et la protection princière ou royale servent à l'occasion la gloire de telle ou telle spécialité au sein d'une production souvent vouée à l'autoconsommation et donc à l'obscurité des chaumières. Une production qui doit beaucoup aux femmes, sauf dans le cas des gros fromages. Le monde des Lumières saisit pour la première fois les particularités régionales de l'univers des fromages avec l'*Encyclopédie*, qui vante les qualités nutritives du produit. Les recueils de planches sur les arts libéraux de la somme de Diderot et d'Alembert traduisent un grand intérêt pour sa fabrication. À la même époque, les herbages sont encouragés et s'étendent, en particulier en Normandie.

L'ère de la production de masse

Le développement des communications (routes dès le XVIIIe siècle et surtout chemin de fer à la fin du XIXe siècle) donne une nouvelle impulsion à la production fromagère. Destinée à l'origine à la consommation familiale ou au marché local, la denrée fait désormais l'objet d'un vaste commerce. Dans le même temps, des innovations techniques ouvrent la voie à une production de masse et à l'expédition des fromages hors de leur région d'origine. La pasteurisation, procédé qui consiste à tuer les microbes indésirables en chauffant le lait à des températures élevées, permet ainsi aux fabricants d'élargir le rayon de collecte du lait tout en préservant l'hygiène. C'est l'heure de la production industrielle, et la fabrication fermière semble condamnée. L'exode rural entraîne un accroissement des échanges entre les régions. C'est ainsi que le camembert se répand dans la France entière, et au-delà même de ses frontières. Le souci de baisser les coûts de production et d'assurer une certaine régularité du produit font évoluer les procédés de fabrication et débouche sur une certaine uniformisation, le chauffage du lait, par exemple, tuant la flore microbienne spécifique du lait, qui contribue à la complexité des arômes.

Dans une fruitière du Beaufortain. Les fromages d'appellation contribuent à limiter l'uniformisation de la production et participent au maintien de l'activité économique dans les régions de montagne.

La modification des pratiques agricoles va également dans le sens d'une plus grande constance en qualité et en quantité. Alors que jusqu'aux années 1960, la production fromagère fluctuait en fonction des niveaux de lactation, allant jusqu'à s'interrompre en hiver, elle tend à perdre son caractère saisonnier.
Le système des appellations, inauguré en 1925 avec le roquefort, a mis un frein à la banalisation systématique en préservant les fromages les plus typés.
Aujourd'hui, la consommation de fromage s'élève à 1 420 millions de tonnes, ce qui fait des Français les premiers mangeurs de ce produit au monde, devant les Grecs et les Italiens. Une consommation qui a augmenté d'un kilo par personne en dix ans ! Les pâtes molles, comme le camembert, sont les préférées, ainsi que les pâtes pressées cuites de type emmental.

Boîte ancienne. Si le terme « camembert » est devenu générique, une appellation protège aujourd'hui le « camembert de Normandie ».

L'appellation d'origine

La notion juridique d'appellation d'origine est liée à celle de terroir délimité, et aussi de savoir-faire traditionnels. Définissant un produit par son aire géographique et ses conditions d'obtention, elle vise à le protéger contre les contrefaçons et à maintenir un certain nombre de règles de qualité et de spécificité. Elle constitue ainsi une garantie, tant pour le producteur que pour le consommateur. Ce souci d'origine du produit, en particulier en matière viticole et agro-alimentaire, remonte à l'Antiquité ; nombre de textes anciens traduisent la volonté des autorités locales ou princières de délimiter et protéger telle ou telle denrée. En France, la première réglementation en matière de fromage remonte au XVe siècle, quand le roi Charles VII accorde un privilège aux habitants de Roquefort.
Le système actuel des appellations d'origine contrôlée se met en place après les graves crises viticoles qui secouent le pays à partir de la deuxième moitié du XIXe siècle, et s'applique d'abord uniquement au vin. Le texte fondateur est le décret-loi de 1935.
Et les fromages ? Malgré la loi pionnière relative au roquefort, les premiers textes sont constitués d'arrêts des tribunaux. Dans une deuxième phase, le législateur a pris le relais (lois de 1955 et 1973). Depuis la loi de 1990, les appellations fromagères sont régies par l'INAO. Le principe des AOC est le même : à travers le nom, l'État protège un produit issu d'un savoir-faire collectif et spécifique à un terroir. Les décrets d'appellation, véritable cahier des charges, précisent, à côté de l'aire délimitée, les espèces et races autorisées, l'alimentation du bétail, la nature du lait mis en œuvre et les procédés licites de fabrication. Cet édifice des AOC a joué un rôle notable dans l'aménagement rural, préservant une certaine activité économique dans les zones de montagne ou défavorisées, comme l'Aubrac ou le Beaufortain.
Les quarante fromages AOC proviennent surtout de la Franche-Comté, des Alpes et du Massif central. Comme les autres produits d'appellation, ils trouvent un bon accueil auprès des consommateurs. Et s'ils ne représentent encore que 16 % des achats de fromage, alors que les vins d'appellation représentent près de la moitié de la consommation en France, les volumes produits en AOC ont augmenté de 23 % en dix ans.

Comprendre... la fabrication

Au commencement, le lait, dont les protéines, en coagulant, forment une masse solide qui donne le fromage. À l'arrivée, une profusion envoûtante de formes, de couleurs, de senteurs, de textures et d'arômes, emblématique du patrimoine gastronomique français. Une variété de produits que l'on peut cependant ramener à quelques grandes familles. De l'espèce animale aux modes de fabrication en passant par l'alimentation du bétail, quels sont les facteurs impliqués dans l'aspect et le goût des fromages ?

Les étapes de la fabrication

Le lait contient des protéines, caséines principalement, qui coagulent en formant une masse solide, et un liquide résiduel, le petit-lait ou lactosérum. Plus il y a de protéines coagulables dans le lait, notamment de caséine, plus on obtient de fromage.

1. La coagulation

La coagulation est obtenue de trois manières :

• sous l'action des ferments naturels contenus dans le lait ;

• avec un adjuvant : la présure, enzyme extraite de la troisième poche de l'estomac des ruminants, appelée caillette (on parle de caillage) ;

• sous l'action de ferments lactiques cultivés que l'on ajoute au lait (on parle alors d'ensemencement).

Il existe quatre types de fabrication :

• le caillage lactique, caillage lent, qui donne un caillé humide, au format réduit ; les fromages blancs résultent de ce mode de caillage ;

La coagulation.

• le caillage « présure », caillage rapide à l'aide de présure, qui permet d'obtenir des fromages de grand format, notamment les pâtes cuites ;

• le caillage mixte à caractère lactique dominant, d'où dérivent les pâtes molles à égouttage lent (camembert, maroilles...) ;

• le caillage mixte à caractère « présure » dominant, à l'origine des pâtes pressées (saint-nectaire...).

L'égouttage.

2. L'égouttage
L'égouttage permet de séparer le grain de caillé du lactosérum. Le processus peut être accéléré par le brassage du caillé, son découpage ou son broyage (cantal). Le chauffage en cuve du grain de caillé (pâtes cuites) et sa plus ou moins grande acidification jouent également sur l'égouttage et donnent des produits différents. Plus un fromage est égoutté, plus son format peut être grand.

L'affinage.

Le moulage.

3. Le moulage et le salage
Le moulage, mise dans la forme du caillé, est souvent suivi du salage, auquel on procède par saupoudrage ou par bain de saumure (parfois par incorporation au caillé). Le sel, antiseptique, élimine certaines bactéries tout en contribuant à donner au fromage son goût spécifique. Moulage et salage parachèvent l'égouttage. S'y ajoute parfois le pressage.

4. L'affinage
De durée très variable, c'est la phase de maturation du fromage, surveillée et contrôlée ; elle est précédée dans le cas des fromages à pâte molle par un séchage au hâloir. Un certain nombre de constituants du fromage apparaissent ou se transforment, agissant sur la constitution physico-chimique du produit, ce qui entraîne le développement d'arômes et de saveurs spécifiques. Après l'affinage, certains fromages peuvent se conserver au moins un an à 4 °C. On dit alors, comme pour les vins, qu'ils sont de garde.

Les facteurs de diversité des fromages

• **L'espèce :** en France, on fait du fromage avec le lait de la vache, de la chèvre ou de la brebis. La teneur en caséines et en matières grasses du lait détermine essentiellement l'aptitude fromagère des laits. Celui de brebis, le plus riche en matières grasses et en protéines, produit à quantité égale deux fois plus de fromage que le lait de vache.

• **La race :** si le nombre des races ovines et caprines est désormais limité, il reste encore de nombreuses races bovines. Certains décrets de fromages AOC en imposent une ou plusieurs. Est-ce à dire que les laits ont des caractères distincts en fonction de la race ? Dans une certaine mesure, mais d'autres facteurs interviennent, tels l'alimentation ou la conduite du troupeau. La race ne saurait faire un fromage à elle seule. D'autres raisons conduisent à préconiser certaines vaches : leur adaptation au milieu, leur caractère traditionnel, l'image valorisante qu'elles véhiculent...

• **Le temps passé entre la collecte et la mise en œuvre :** le lait est un produit vivant ; d'autant plus qu'il est utilisé cru. Cela explique que les décrets d'appellation prévoient un délai entre collecte et mise en œuvre du lait. Son stockage, même dans des tanks réfrigérés, entraîne une évolution de sa flore pouvant gêner la fabrication. Parfois, le lait doit être travaillé immédiatement après la traite (salers) ; il peut aussi être reporté sur les traites suivantes jusqu'à quarante-huit heures. Quotidienne, voire biquotidienne dans les productions fermières, sa mise en œuvre est moins fréquente dans les productions industrielles.

• **L'alimentation du bétail :** elle constitue un point essentiel dans la formation de la typicité et des caractères des laits et des fromages. La couleur de la pâte d'un fromage est ainsi liée à la teneur en carotène des laits, elle-même fonction de l'alimentation des troupeaux. Nature des sols, climat et pratiques agricoles influent sur la qualité du fourrage. La richesse en composés aromatiques d'un fromage est ainsi plus grande quand le troupeau a mangé un foin de prairie naturelle, riche en multiples plantes. Par ailleurs, certains aliments, tels les crucifères, donnent de mauvais goûts au lait qui sont rapidement transmis au fromage, la matière grasse du lait étant un fixateur d'odeurs. Si les vaches mangent aujourd'hui encore beaucoup d'herbe, l'intensification de l'élevage s'est accompagnée de pratiques comme la conservation de fourrages par voie humide, qui permet des récoltes précoces supplémentaires, l'implantation de cultures à haut rendement fourrager (maïs) ou l'apport d'aliments concentrés tels les tourteaux de graines oléagineuses. L'emploi de fourrages fermentés, produits de l'ensilage ou de l'enrubannage, conservés par voie humide à l'inverse du foin, est prohibé dans certaines AOC.

• **La saison :** agissant sur la température des laits, sur la nature de l'alimentation et sur la production à travers les cycles de lactation, elle joue un grand rôle dans l'expression du fromage. Mais cela est surtout vrai dans les productions fermières. Ce caractère saisonnier n'a d'ailleurs pas que des avantages : laits trop froids, trop chauds, déséquilibres chimiques et minéraux, teneurs en matières grasses et protéiques trop fortes ou trop faibles... Les laiteries arrivent à lisser les effets de la saison en multipliant le nombre de producteurs. La saisonnalité de la production, très marquée chez les caprins, peut être gommée par l'utilisation de caillé congelé ou par le désaisonnement des mises bas. Ces techniques permettent de rendre disponibles toute l'année des fromages à faible durée de vie, comme le rocamadour. Certaines appellations, comme roquefort, salers et mont d'or, ont choisi la saisonnalité.

• **Le type de lait mis en œuvre :** un fromage au lait cru est fabriqué

Fromages fermiers et fromages laitiers

Un fromage est dit « fermier » lorsqu'il est fabriqué selon des techniques traditionnelles par un producteur qui ne traite que les laits de sa propre exploitation et sur le lieu même de celle-ci. Lorsque le lait provient de diverses exploitations, que la fabrication soit artisanale ou industrielle, le fromage est dit laitier. Certains fromages sont uniquement fermiers (salers), d'autres exclusivement laitiers (roquefort). Les fromages au lait cru ne sont pas l'apanage de la production fermière ; ainsi, pour le roquefort, seul le lait cru est employé.

La garde des fromages

Contrairement au vin que l'on peut acheter pour le faire vieillir dans sa cave, le fromage est généralement vendu prêt à la consommation. Il est donc illusoire de vouloir l'affiner dans son réfrigérateur. Il est néanmoins nécessaire de respecter le produit en lui laissant suffisamment d'air pour respirer, mais pas trop pour ne pas le dessécher. Le bac à légumes du réfrigérateur est l'endroit le plus adéquat, sauf si l'on possède un garde-manger dans une cave bien fraîche. Il est conseillé de s'approvisionner régulièrement, une fois par semaine par exemple.

uniquement avec du lait qui n'a pas été chauffé au-delà de 40 °C. Il s'agit du lait mis en œuvre avant emprésurage, ce qui explique que les fromages dits à pâte cuite, comme le comté, peuvent entrer dans la catégorie des productions au lait cru. Le lait peut être aussi thermisé (chauffé entre 57 et 68 °C pendant au moins quinze secondes) ou pasteurisé (jusqu'à 72 °C).
Le lait cru est-il un élément indispensable du patrimoine gastronomique français ou constitue-t-il un risque sanitaire majeur ? La filière fromagère française hésite. Certains syndicats d'appellation ont fait le choix du tout lait cru, d'autres l'ont abandonné depuis longtemps tandis que d'autres laissent le choix aux fromagers. Les différentes technologies ne présentent pas toutes le même risque. Un fait indéniable : le lait cru, qui préserve l'intégralité des micro-organismes du lait, offre un « plus » gustatif.

• **l'emploi de lait entier ou écrémé :** la séparation de la matière grasse, généralement effectuée à l'aide d'une écrémeuse qui agit par voie centrifuge, peut être une pratique traditionnelle ou d'introduction récente. Si le passage d'un lait cru dans une écrémeuse est susceptible d'oxyder la matière grasse et d'entraîner de mauvais goûts, l'écrémage permet une certaine régularité des productions dans le temps, la quantité naturelle de matière grasse dans les laits fluctuant en fonction de l'alimentation des troupeaux, du niveau de lactation, de la sélection génétique des animaux. Un excès de matière grasse dans un fromage peut conduire à un rancissement précoce. C'est la raison pour laquelle on recherche pour certains fromages de garde un taux le plus équilibré possible entre la matière grasse et les protéines dans le lait, et ce par sélection génétique des animaux.

Les différents types de fromages	exemples
Pâtes fraîches	fromage blanc, petit-suisse
Pâtes molles à croûte fleurie	brie de Meaux, camembert de Normandie, chaource, neufchâtel, pérail, saint-marcellin
Pâtes molles à croûte lavée	époisses, langres, livarot, maroilles, munster
Pâtes persillées (bleus)	bleu d'Auvergne, fourme d'Ambert, roquefort
Pâtes pressées non cuites	cantal, morbier, ossau-iraty, reblochon, saint-nectaire
Pâtes pressées cuites	beaufort, comté
Chèvres	banon, chabichou du Poitou, crottin de Chavignol, pélardon, valencay

Savourer… les accords avec le vin

La variété des fromages n'a d'égale que la diversité des vins, des blancs légers aux rouges puissants et denses, sans oublier les vins doux naturels, les vins jaunes et les effervescents. Cette riche palette rend possible de multiples accords gourmands, où les deux partenaires sont mis en valeur. Encore faut-il garder à l'esprit quelques incompatibilités et, face à deux produits vivants et complexes, se garder des règles trop simples.

La riche palette des vins

Il existe dans le monde du vin une diversité extraordinaire. Cette variété tient aux multiples cépages, terroirs, modes de vinification et d'élevage. Les vins se distinguent non seulement par leur couleur mais encore par leurs caractères aromatiques plus ou moins marqués. Des arômes qui évoluent avec le temps : on distingue les arômes primaires, directement issus du raisin, les arômes secondaires, qui proviennent de la fermentation et enfin les arômes tertiaires, liés à l'élevage du vin. Tel vin sera apprécié dans sa jeunesse tandis qu'un autre sera meilleur après plusieurs années de vieillissement.

La structure est un autre élément clé pour différencier les vins. Outre les saveurs élémentaires (le sucré, le salé, l'acide et l'amer), chaque vin possède un caractère forgé par la présence, en plus ou moins grande quantité, de certains constituants : tanins, gaz carbonique ou encore alcool. L'ensemble de ces éléments forme la « bouche » du vin. On distingue ainsi au palais des vins vifs et légers (muscadet), des vins souples et gouleyants (beaujolais) ou des vins solides et charpentés (saint-estèphe).

Pour simplifier, voici une classification des vins

Blancs secs à boire jeunes	muscadet, gaillac sec
Blancs secs de garde	meursault, château-chalon
Blancs moelleux	jurançon
Blancs liquoreux	sauternes
Vins doux naturels	rivesaltes, banyuls
Rosés	tavel, côtes-de-provence
Rouges légers à boire jeunes	beaujolais
Rouges structurés de garde	gevrey-chambertin, pomerol
Rouges très tanniques, de garde	pauillac, côte-rôtie
Effervescents	champagne, crémants

Trouver des règles d'association

Rouges trop tanniques ou blancs trop légers, les exclus

La tradition française associe fromage et vins rouges. On verra que beaucoup d'accords se concluent aussi avec un blanc. La plupart des vins peuvent s'exprimer en compagnie d'un fromage. Quelques exceptions cependant, aux deux extrêmes des vins tranquilles : certains vins blancs secs à boire jeunes, trop acides (muscadet, gros-plant) ou trop légers (entre-deux-mers) et certains rouges très tanniques, qui donnent une impression de dureté, surtout jeunes.

Adopter un vin par type de fromage ?
On aimerait trouver des lois en matière d'accord. De fait, on observe que les fromages de chèvre apprécient les vins blancs secs aromatiques, assez jeunes, et que les pâtes pressées non cuites aiment les vins rouges de structure moyenne. Cependant, ce critère du type de fabrication, parfois trop grossier, peut mener à des dissonances. Si le roquefort, par exemple, s'accorde avec un vin liquoreux, il n'en va pas de même d'autres pâtes persillées plus douces comme le bleu de Gex ou le bleu du Vercors.

Se fier à la durée d'affinage
La plupart des fromages ont en commun avec le vin d'évoluer considérablement dans leurs arômes et leur texture avec le temps. Un cantal jeune, très lactique, s'accommodera d'un vin blanc jeune et fruité, tandis que le même fromage, à six mois, demandera un vin rouge très structuré.

Jouer des ressemblances ou des contrastes
Qui se ressemble s'assemble ? L'accord peut certes tirer une force supplémentaire d'une relative similitude dans les arômes : mâcon et pouilly-fuissé se plaisent à décliner des notes de noisette proches de celles du mâconnais, un fromage de chèvre. L'harmonie naît aussi parfois des contrastes. Ainsi, la fourme d'Ambert, au goût fruité de champignon, salée et parfois légèrement amère, fait merveille confrontée au maury, sucré et généreux en alcool.

Des accords régionaux ?
Les alliances locales sont souvent recommandées, et l'on en trouvera de nombreux exemples dans cet ouvrage. L'une des plus belles associe le comté et le vin jaune du Jura. Elles n'ont cependant rien d'obligatoire et ne sont pas toujours pertinentes : le rocamadour, par exemple, n'est guère mis en valeur par le cahors, qui se marie plus volontiers avec un bleu d'Auvergne.

Munster et gewurztraminer.

Sortir des sentiers battus
On n'oubliera pas les vins spéciaux : les vins doux naturels, qui font honneur à certaines pâtes persillées, les vins de liqueur ou même les effervescents, qui font alliance avec certaines pâtes molles.

Le plateau de fromages et le service des vins

Il est d'usage d'observer au cours du repas une gradation dans le service des vins, en commençant par les vins légers pour finir par les plus puissants et les plus tanniques. On veillera alors à ce que le plateau comporte des fromages susceptibles de résister à ce type de vin, ou bien on évitera de choisir un plat de viande demandant un vin très tannique. Mieux vaut ne pas servir de fromages trop différents, de façon à ce que le vin soit bien en accord. Autres solutions : prévoir deux vins pour le plateau de fromage, un rouge et un blanc par exemple ; ou servir du fromage à l'apéritif ou en entrée froide, sur une salade par exemple (en gardant à l'esprit que le vinaigre est un ennemi du vin).

Éloge de la simplicité
Souvent, le palais est fatigué, saturé au moment du plateau de fromages. Pourquoi ne pas proposer un buffet de fromages et de vins, où chacun, au gré de ses envies, choisira l'accord qui conviendra le mieux ? Ou trouver le plaisir dans l'unicité : un morceau de fromage, de bon pain, et un verre de vin spécialement choisi. Des accords idéals, dont on trouvera de multiples exemples dans les pages qui vont suivre.

Abondance

Type
Pâte pressée demi-cuite
Lait cru et entier
Fermiers
33 %
Affinage
3 mois minimum
Forme
Cylindrique à talon concave
Diamètre
38 à 44 cm
Hauteur
7 à 8 cm
Poids
7 à 12 kg
Aire
Haut Chablais (Haute-Savoie)
Production
1 100 t

AOC 1990

Ce mot désigne à la fois un fromage à pâte pressée demi-cuite, la race de vaches laitières qui fournit une partie du lait destiné à sa fabrication et le village de Haute-Savoie niché au cœur d'une vallée du haut Chablais où sa production s'est développée. Pour accompagner cette spécialité, les vins blancs de la région et de la Suisse voisine constituent une valeur sûre, ainsi que les vins rouges peu tanniques.

Les moines, maîtres fromagers

La tradition fromagère est très ancienne dans ce pays alpin, au sud du lac Léman. On attribue aux Burgondes, établis dans la région alpine au Ve siècle, un grand savoir-faire en matière d'élevage. Dès le XIIe siècle, les abbayes cisterciennes et bénédictines reprennent à leur compte les pâturages d'altitude et deviennent des centres d'exploitation pastorale. La transformation du lait se développe, permettant au « pitancier » d'assurer un complément de nourriture aux moines sous forme de fromage et de beurre, et de fournir aussi sans doute aux établissements quelques rentrées sonnantes et trébuchantes. Le fromage d'Abondance participe modestement à la grande histoire puisque lors de l'élection du premier pape du Grand Schisme d'Occident, Clément VII, en 1378, une quantité équivalente à quinze quintaux est expédiée à Avignon. Au fil des siècles, les moines cèdent leurs terres aux paysans moyennant des taxes perçues en produits laitiers.

Né dans les chalets d'altitude

L'abondance est traditionnellement élaboré dans les chalets d'altitude. La famille du fermier s'y installe dès la fonte des premières neiges. Elle vit alors tout l'été au rythme des « remues » : elle accompagne le troupeau – des vaches de race Abondance, Tarine ou Montbéliarde – au fur et à mesure de la pousse de l'herbe, gravissant la montagne par paliers d'altitude successifs qui peuvent s'étager de 1 500 à 2 500 mètres, et hissant de chalet en chalet les ustensiles nécessaires à la vie de tous les jours, les chaudrons en cuivre, les toiles de lin et tout le matériel pour faire le fromage. Les animaux utilisent ainsi toutes les ressources de la montagne. À l'automne, c'est la « démontagnée », ou retour dans la vallée : les éleveurs réintègrent la maison familiale.

La fabrication

La quantité de lait nécessaire pour produire plusieurs fromages par jour nécessite des troupeaux importants : il faut en moyenne 10 litres de lait pour obtenir 1 kilogramme de fromage. L'abondance doit être fabriqué dans les plus brefs délais après la traite. Le lait, cru et entier, ne subit aucun traitement. Il est chauffé à une température qui ne dépasse pas 50 °C, d'où le terme utilisé pour définir le type de fro-

Le lait d'été produit les meilleurs fromages.

mage : pâte pressée demi-cuite. Le caillé est recueilli dans un moule en bois de forme concave, recouvert d'une toile de lin. À ce stade de la fabrication, le fromager intègre, sur le côté de la future meule, une plaque de caséine alimentaire. Cette marque, de couleur bleue, est de forme ovale si le fromage est fabriqué à la ferme, de forme carrée s'il est fabriqué dans un atelier privé à partir de mélange de laits. Un signe de reconnaissance que l'on retrouve sur bon nombre de fromages d'appellation. Avant affinage, le caillé est égoutté par pressage dans son cercle durant environ vingt heures. L'affinage doit s'étaler sur au moins trois mois, mais on produit souvent des fromages au goût affirmé, affinés plus longtemps. Durant cette phase, la meule est retournée plusieurs fois, salée, frottée jusqu'à obtention des particularités gustatives du fromage. En moyenne, le fromage est frotté un jour sur deux le premier mois, deux fois par semaine le second mois et une fois par semaine le troisième mois.

Une production en hausse

Jusqu'aux années 1980, l'abondance était surtout consommé aux abords du lac Léman et dans les départements savoyards, et sa notoriété ne s'étendait guère au-delà de Lyon. Depuis sa reconnaissance en AOC en 1990, il conquiert de nouveaux marchés, soutenu par des circuits commerciaux performants. Sa production est passée d'environ 140 tonnes en 1985 à plus de 1 000 tonnes en 2000, dont 33 % proviennent de la ferme. Elle occupe cinquante-deux fermiers et douze ateliers industriels et coopératifs. Depuis 1995, une quinzaine de producteurs fermiers, tout en restant maîtres de la commercialisation de leurs fromages, ont investi en commun dans une cave d'affinage.

Le service et les saisons de dégustation

La croûte de l'abondance, qui porte l'empreinte de la toile de lin utilisée pour recueillir le caillé, est de couleur jaune doré à brun. Sa pâte est souple, de teinte jaune ivoire, et peut présenter quelques trous. Le fromage se découpe simplement en tranches en partant du centre vers la périphérie.
L'abondance développe à la dégustation des notes rappelant la noisette. À l'origine fromage d'été, il est maintenant élaboré l'hiver, car la production de lait est désormais maintenue pendant la saison froide. Cependant, on le choisira de préférence issu des fabrications d'été. En effet, grâce à la riche flore des alpages, il développe une palette aromatique plus complète, dominée par des notes de fruits secs.

Le berthoud

L' abondance entre dans un plat simple de la région appelé « berthoud ». Dans une assiette ou dans de petits ramequins préalablement frottés à l'ail, on coupe l'abondance en fines lamelles puis on arrose de vin-de-savoie blanc. On poivre et on fait gratiner au four de 5 à 10 minutes. Ce plat typiquement chablaisien se consomme avec du pain et des pommes de terre.

L'abondance et le vin

Les vins blancs : les Alpes à l'honneur

« Abondance de biens ne nuit pas », surtout quand ces biens gastronomiques s'accordent à merveille et forment une véritable symbiose. Tel est le cas de ce fromage savoyard avec les vins blancs de Savoie, comme le cru Abymes, issu d'un vignoble établi sur le célèbre effondrement du mont Granier. La jacquère y donne des vins fruités et légers dont les arômes de fruits exotiques, souvent accompagnés de notes minérales, vont tout à fait dans le sens aromatique du fromage, surtout si celui-ci est assez jeune.

Un abondance un peu plus âgé – que l'on choisira de préférence issu d'une période d'alpage pour sa plus grande intensité aromatique – développe un côté fruits secs qui sera mis en valeur avec un vin blanc plus stylé, issu d'altesse, comme la roussette-de-savoie, dans le cru Marestel par exemple. On profitera d'une escapade dans la Suisse toute proche pour rapporter une bouteille de fendant, nom local du chasselas. Ou encore, plus rares, des vins issus de l'arvine ou de l'amigne, autres cépages suisses. Ces bouteilles feront honneur à l'abondance, surtout servies à l'apéritif, quand le palais est disponible pour saisir les fragrances fruitées.

En rouge : fuir les tanins

L'alliance avec les vins rouges n'est pas à exclure, mais on veillera à ce que ces vins soient plutôt légers, pas trop tanniques, pour ne pas blesser le caractère peu agressif de l'abondance. Si l'on veut faire « couleur locale », on choisira un vin de Savoie issu du cépage gamay, provenant de la Chautagne notamment. Sinon, un chinon sera bien adapté, à condition qu'il soit rond et suffisamment fruité. Les arômes de fruits rouges et de poivron du vin feront bon ménage avec le fruité lactique du fromage.

Vins d'accompagnement

VINS BLANCS SECS : vins de Savoie, issus de jacquère pour les fromages jeunes, d'altesse (roussette-de-savoie) pour les fromages plus affinés ; fendant, arvine et amigne de Suisse ; alsace gutedel ; pouilly fumé.
VINS ROUGES LÉGERS, issus de gamay ou de cabernet dans un style peu tannique : savoie cru Chautagne, beaujolais, chinon, anjou, saint-nicolas-de-bourgueil...

Banon

Dans la Haute-Provence chère à Giono, un petit fromage de chèvre cache sous un pliage de feuilles de châtaignier un caractère très « nature » : c'est le banon. Il appelle les vins du Sud, comme le coteaux-d'aix-en-provence ou le saint-joseph.

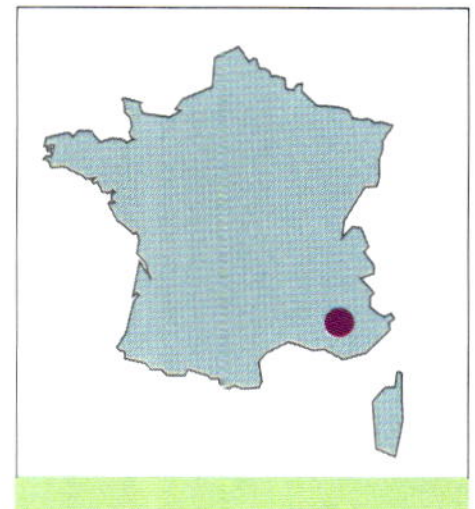

Le produit des foires et des marchés

Comme beaucoup de produits de terroir, le banon s'identifie au lieu de commercialisation : un petit bourg des Alpes-de-Haute-Provence, localement renommé pour ses foires. Cette fonction, la commune de Banon la doit à son statut administratif de chef-lieu de canton et à son rôle de carrefour entre Apt et Sisteron, Carpentras et Forcalquier. Autrefois, tous les petits producteurs du pays y convergeaient pour vendre leurs spécialités et notamment leur fromage, le « plié ».
« Le fromage de Banon est déjà [à l'époque gallo-romaine] célèbre et l'empereur Antonin le Pieux (86-161) en mange tellement qu'il en meurt », rapporte l'historien C.C. Mathon. Si l'on peut douter de la véracité de l'anecdote, il n'en reste pas moins que les chèvres s'éparpillaient dès l'Antiquité dans cette contrée sauvage, marquée par les influences méditerranéennes. L'élevage fut ensuite favorisé par les seigneurs locaux,

La présure : recette traditionnelle

Avant que la présure n'apparaisse dans le commerce, les fromagers la fabriquaient eux-mêmes en faisant sécher, puis tremper dans du vinaigre la caillette de chevreaux de lait. Le jus ainsi obtenu était filtré et employé tel quel. Dans un second temps et pour conserver la précieuse matière, de l'ail, du fromage et du poivre étaient ajoutés à la préparation.
Ce mélange était stocké dans de la tripe de porc, que l'on débitait en rondelles pour obtenir le jus. L'emploi massif de présure, qui accélère la coagulation du lait, aurait des raisons climatiques : peut-on prendre le risque de faire évoluer lentement le lait en fromage quand le climat est chaud et sec ? L'ancienneté de la technique est attestée par la découverte de faisselles en terre vernissée, percées sur le fond et les côtés de larges trous.

Mise en moule du caillé.

Type
Fromage de chèvre
Lait cru et entier
Fermiers
20 %
Affinage
15 jours minimum
Forme
Palet
Diamètre
8 à 9 cm
Hauteur
1,5 à 2 cm
Poids
100 g
Aire
Alpes de Haute Provence (Alpes-de-Haute-Provence, Hautes-Alpes, Drôme, Vaucluse)
Production
40 t

les Argoult, princes d'Apt, maîtres depuis 1004 d'une baronnie dont les limites recouvrent presque celles de la zone du banon : dans leurs possessions, les propriétaires de troupeaux de brebis, chèvres ou porcs étaient dispensés de tout impôt. Au Moyen Âge, le fromage était bien ancré dans la tradition provençale, comme en témoignent des documents écrits du XIIIe siècle mentionnant celui de Banon. L'installation de néoruraux dans les années 1970 a contribué à faire renaître cette production historique, pour laquelle une demande de reconnaissance en AOC est actuellement instruite.

Le terroir : garrigue et altitude

Le bassin de production compte 37 communes réparties sur les Alpes-de-Haute-Provence, le Vaucluse, les Hautes-Alpes et la Drôme. La limite est marquée au sud par la Durance et le Verdon. remonte à l'est, d'Entrevaux au col d'Allos, contourne à l'ouest le Ventoux, de Malaucène aux Baronnies. Le noyau historique est constitué des pays de Lure et d'Albion, qui sont situés dans la zone d'influence méditerranéenne, même si dans leur partie haute ni le chêne vert ni l'olivier ne sont présents.
La garrigue domine, que ponctuent genêt, aubépine, prunelliers, cistes, genévriers, lavande, sarriette, thym, dans un paysage de collines et de plateaux aux reliefs escarpés et d'une altitude assez élevée, variant

L'affinage du banon se poursuit dans plusieurs feuilles de châtaigniers liées de raphia naturel.

de 700 à 1 800 mètres. Les sols, peu fertiles, sont composés principalement de calcaires qui affleurent par endroits et ne retiennent pas l'eau. Le climat, influencé par le relief et l'altitude, est marqué par des précipitations très irrégulières, des vents froids et secs qui soufflent du nord et qui accentuent le dessèchement, et des écarts de température importants dus à des influences à la fois méditerranéennes et montagnardes.

La fabrication : un caillé doux

Le banon trouve sa principale caractéristique dans son mode d'élaboration. Il s'agit d'un caillé doux obtenu par un apport massif de présure. Ce procédé accélère le caillage. L'acidification est réduite au minimum. Des sources du XVe siècle évoquent déjà la spécificité « de ces petits fromages mous, des présurs» que l'on offrait au roi René lorsque l'on cherchait à s'attirer ses bonnes grâces. Aujourd'hui, l'emprésurage du lait de chèvre cru et entier se fait à une température de 29 à 35 °C. Généralement, la fabrication est réalisée à partir du lait du matin. Le délai d'emprésurage ne doit pas dépasser dix-huit heures après la traite la plus

La feuille de vigne avant celle du châtaignier

Le pliage sous feuille de châtaignier est assez récent, les anciens textes attestant l'usage de la feuille de vigne. Le châtaignier n'a été implanté dans la région qu'au milieu du XIXe siècle. Dès lors, sa feuille s'est imposée car elle est souple et, contrairement à la feuille de vigne, ne colle pas au fromage. Elle apporterait en outre des tanins au banon.

ancienne. Le caillé est prêt à être travaillé au bout de trois quarts d'heure à une heure. Il est découpé par passages successifs en cubes de 2 à 3 centimètres de côté. Un léger repos permet au sérum de remonter en surface, lequel est ensuite soutiré. Souvent, le caillé est brassé à la main, pendant une à cinq minutes suivant les producteurs. Instant de plaisir où le moelleux du caillé vient glisser le long des doigts. Celui-ci est alors mis en moule. Les faisselles sont percées et possèdent un fond arrondi. Le petit-lait s'égoutte très rapidement. Quand le fromage est égoutté, on voit apparaître un palet rond. Trente minutes après le moulage, le banon est retourné. Cette opération est répétée deux heures après, puis régulièrement en fonction du travail en laiterie. Souvent intervient à ce moment le salage au sel sec par saupoudrage.
La température dans la salle d'égouttage oscille entre 22 et 25 °C. Le ressuyage s'effectue à une température plus basse, entre 18 et 22 °C et peut durer entre un et deux jours. La surface du fromage devient mate. On passe ensuite au séchage à 16-18 °C. C'est à ce moment que se développe le champignon de surface geotrichum par un premier affinage de la tomme nue d'une dizaine de jours.
L'affinage sous la feuille dure au minimum dix jours, à une température de 12-14 °C. Le fromage est plié dans quatre à cinq feuilles de châtaignier et lié de raphia naturel.

Le banon et le vin

Avec les vins rouges : un coteaux-d'aix-en-provence

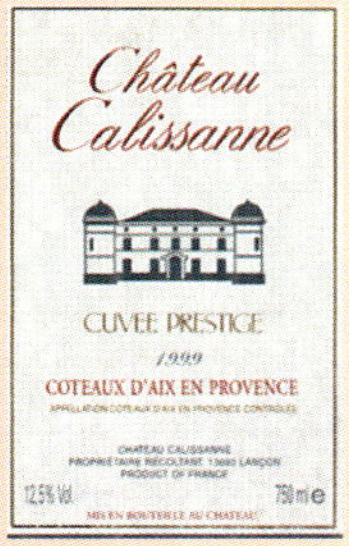

Quand on coupe les liens de raphia du banon, on entre dans un monde secret, terriblement attirant. Les feuilles de châtaignier se déplient et laissent le banon s'ouvrir à tous les sens. La croûte, ivoire à écru, est légèrement humide. Les feuilles y ont laissé leur empreinte, comme fossilisées sur la peau du fromage. Des odeurs lactiques fraîches et des senteurs de mousse se dégagent. En bouche, la pâte est souple et fraîche, avec une légère acidité. Un beau bouquet explose : du sous-bois, de la mousse, mais aussi des parfums de garrigue. Ça sent la forêt et le Sud. Ce côté méridional appelle un vin du soleil. Un coteau-d'aix-en-provence représente le vin idéal. Si un vin blanc de cette appellation peut convenir, il vaut mieux s'orienter vers un rouge. L'AOC est produite à partir des cépages grenache, cinsault, counoise, mourvèdre, carignan et cabernet-sauvignon. Jeunes, les vins sont floraux (violette) et s'accordent bien avec des fromages très frais. Avec l'âge, ils apportent des notes plus évoluées, dans des tons animaux, de sous-bois et d'épices. Ils offrent alors un accord superbe avec le banon au sein d'une bouche où les épices l'emportent. La fraîcheur du fromage fond au contact d'un vin qui dégage toute la chaleur de la Provence calcaire, comme le ferait la glace sur un biscuit chaud.

Avec les vins blancs : un saint-joseph

En blanc, on recherchera un vin évoquant les tons automnaux, le miel et la noisette. Le saint-joseph est de ceux-là. Roussanne et marsanne ont plongé leurs racines dans les coteaux granitiques de la rive droite du Rhône, notamment entre Chateaubourg et Saint-Jean-de-Muzols. Ce terroir fait naître des vins d'une grande classe. Les parfums de miel, de fleurs et de fruits secs rencontrent le côté épicé et des accents de sous-bois en toute quiétude. Il y a une grande rondeur dans cet accord. L'équilibre entre acidité et moelleux est remarquable. Le passage modéré du vin dans le bois ne pourra qu'apporter une dimension supplémentaire. Un mariage fait pour un repas de chasse.

Vins d'accompagnement
VINS ROUGES DU SUD : coteaux-d'aix-en-provence, côtes-de-provence, les-baux-de-provence.
VINS BLANCS : saint-joseph, crozes-hermitage.

Beaufort

AOC 1968

Type
Pâte pressée cuite
Lait cru et entier
Fermiers
11 %
Affinage
5 mois minimum
Forme
Meule plate à talon concave
Diamètre
35 à 75 cm
Hauteur
11 à 16 cm
Poids
20 à 70 kg
Aire
Savoie avec extensions en Haute-Savoie
Production
4 000 t

Dans l'univers des pâtes pressées cuites, les « gruyères », le beaufort, né dans les Alpes savoyardes, est un imposant fromage de garde à la forme concave caractéristique. Il possède un côté noisette qui attire les vins rouges légers comme le beaujolais. Avec l'âge, il trouve des partenaires de choix dans la roussette-de-savoie et le vin de Savoie issu de mondeuse.

Dans les alpages

Plus connu jusqu'au milieu du XIXe siècle sous le terme local de grévire, le beaufort trouve son origine dans les alpages de la Savoie. Sa production est indissociable des grands espaces de la montagne cristalline qui accueille de gros troupeaux.
La région a vécu pendant des siècles selon le système agro-pastoral des chalets d'alpages. Un genre de vie mis à mal après la Seconde Guerre mondiale par l'exode rural, la construction de barrages et l'implantation de stations de sports d'hiver, si bien que le beaufort faillit disparaître dans les années 1960. Une politique de rémunération du lait propre à surmonter le handicap de la montagne a su retenir la population. Plus d'un millier d'exploitations sont restées sur l'aire de l'appellation. La transformation (fabrication et affinage) est surtout le fait des coopératives qui traitent plus de 80 % des volumes, le reste se répartissant entre quelques artisans, qui fabriquent toute l'année, et les « alpagistes », qui produisent en altitude, au cours de la période estivale.

La production laitière

Regroupant la Tarentaise, la Maurienne, le Beaufortain et le Val d'Arly, l'aire de production couvre environ les deux tiers du département de la Savoie. S'y ajoute Praz-sur-Arly, en Haute-Savoie.
Seule peut prétendre à l'AOC la production de lait issue de troupeaux des races traditionnelles Tarine ou Abondance, adaptées à cette région d'altitude. Vers le 15

Dans les chalets d'alpage, on recueille le caillé à même la cuve, dans une grande toile.

mai, les animaux quittent l'étable pour les vallées. Vers le 1er juin, ils grimpent dans les montagnettes (vers 1 200 mètres). À partir de la fin juin, ils accèdent progressivement aux secteurs d'alpages (entre 1 500 et 2 500 mètres). Pendant tout l'été, ils se nourrissent presque exclusivement d'herbe pâturée. Aux alentours du 30 octobre, les troupeaux redescendent dans les vallées. À l'étable, leur ration se compose de foin, complété de céréales et de tourteaux. Les niveaux de lactation ont été plafonnés à 5 000 kilogrammes de lait par vache.

La fabrication

Autrefois, la fabrication du fromage était réalisée durant la période estivale dans les chalets d'alpage. L'hiver, les quantités de lait produites étaient bien moins importantes, du fait du tarissement partiel du troupeau et de son alimentation moins riche. Aussi la fabrication se concentrait-elle dans la fruitière (littéralement « fruits communs ») du village. Aujourd'hui, la fabrication en chalet d'alpage régresse, tandis que les fruitières d'antan ont cédé la place aux coopératives qui transforment à la fois leurs laits d'hiver et d'été. Lorsqu'il est collecté par les coopératives, le lait est ramassé en bidons de faible capacité, au moins une fois par jour afin de préserver ses caractéristiques. Mis en œuvre à l'état cru, il est réceptionné dans des cuves et porté à une température de 32 °C (température optimale d'empresurage). Un levain est alors ajouté, contenant la présure nécessaire au caillage et des ferments lactiques qui entraînent une légère acidification du milieu. Au bout d'environ trente ou quarante minutes, le fromager découpe la masse du caillé. Le mélange de caillé et de lactosérum est porté à une température de 54 °C et fait l'objet d'un brassage régulier pendant une heure.

Le moule destiné à recueillir les grains de caillé est formé d'un cercle de bois destiné à faciliter le pressage par le resserrement progressif, et qui donne au talon du fromage son caractère concave. Une fois formée, la meule est salée dans un bain de saumure, puis envoyée en cave d'affinage, où elle séjournera au moins cinq mois. La température est limitée à 12 °C afin d'éviter le gonflement de la pâte ; celle-ci doit rester continue et donc assez compacte. Les meules sont entreposées sur des planches d'épicéa, le bois favorisant l'ensemencement en flore de surface (croûtage) et assurant une hygrométrie optimale de la cave.

Le service et les saisons de dégustation

Si l'essentiel de la production est commercialisé sous la seule appellation beaufort, il existe quelques fromages vendus sous les dénominations « été » ou « chalet d'alpage ». La première est réservée à ceux produits lorsque les troupeaux sont au pâturage, sur les

Le beaufort et le vin

Beaufort jeune et vin rouge léger

Le beaufort se marie aussi bien avec les vins blancs qu'avec les vins rouges. Comme souvent pour les fromages de garde, l'âge est l'élément déterminant pour sceller l'accord. Ainsi, un beaufort de cinq mois sera à l'aise avec un vin rouge léger issu du cépage gamay, un beaujolais par exemple. Les vins qui proviennent du secteur argilo-calcaire des Pierres dorées, vers Villefranche-sur-Saône, conviennent particulièrement bien à condition qu'ils ne soient pas vinifiés en primeur. Fraîcheur fruitée, souplesse, arômes de framboise, de mûre et de cassis s'accordent à merveille avec la pâte fondante et le goût lactique du fromage jeune.

Beaufort affiné et roussette-de-savoie

Plus affiné, le beaufort dévoilera toute sa richesse aromatique en compagnie de vins blancs de Savoie. On préférera une roussette-de-savoie aux vins issus de la jacquère ou du chasselas : ces derniers seraient trop légers. Le cépage altesse donne à la roussette-de-savoie des arômes de grande classe. Fruité et floral, évoluant parfois vers des notes de fruits secs, c'est un vin parfaitement adapté à la stature du beaufort. Sa robe or pâle donne bien la réplique à la pâte ivoire du fromage. Ses nuances florales et fruitées, parfois beurrées, répondent aux notes du même registre libérées par les fermentations du fromage. En bouche, fraîcheur et puissance signent un mariage de cœur.

... ou savoie rouge de mondeuse

En présence d'un fromage de plus de neuf mois et encore plus s'il est issu d'une période estivale, on pourra se tourner vers des vins rouges plus tanniques, comme les vins de Savoie de cépage mondeuse. Il convient cependant de ne pas les boire trop jeunes. Le temps leur donne l'assouplissement nécessaire. Les fruits rouges et la réglisse s'offrent alors généreusement au dégustateur dans une bouche soyeuse et délicate. Un accord aimable.

Beaufort âgé et grands vins blancs

Si on a la chance de pouvoir approcher un de ces vieux beauforts aux arômes enivrants de fruits secs et de fruits exotiques, on n'hésitera pas à lui donner un grand vin blanc, hermitage ou corton. C'est un moment royal, assurément.

montagnettes ou sur les alpages. La seconde, beaucoup plus rare, s'applique uniquement à ceux fabriqués en chalet d'alpage selon les pratiques traditionnelles.
Le beaufort est connu pour la densité et la richesse de sa pâte, qui reste néanmoins onctueuse. Il se caractérise aussi par un goût prononcé qui gagne en intensité avec la durée de l'affinage. Produit durant l'été, il est marqué par des saveurs fruitées.
Il trouve sa place en toutes circonstances sur la table : à l'apéritif, sur le plateau, avec une salade, cuisiné pour donner toute leur noblesse à des mets comme le soufflé, la fondue ou l'omelette.

Vins d'accompagnement

VINS ROUGES : vins fruités et légers comme le beaujolais et d'autres vins issus de gamay (vin-de-savoie Chautagne, touraine, mâcon rouge, anjou, côtes-du-forez...) sur un fromage jeune ; vins tanniques comme le vin-de-savoie mondeuse ou un corton rouge sur un fromage de neuf mois et plus.
VINS BLANCS : certains vins blancs secs structurés comme la roussette-de-savoie ou du Bugey (Montagnieu) sur un fromage assez affiné ; grands vins blancs du Rhône ou de Bourgogne sur un très vieux beaufort (hermitage, corton-charlemagne, puligny-montrachet, meursault).

Bleu d'Auvergne

L'Auvergne a donné son nom à un fromage bleu issu de lait de vache. Outre une couleur caractéristique, le penicillium apporte au fromage une dimension aromatique particulière que le cahors révèle au palais. À moins que l'on ne préfère le contraste saisissant, mais voluptueux, d'un jurançon moelleux.

AOC 1975

Type
Pâte persillée
Lait cru minoritaire (2 %)
Fermiers
1 %
Affinage
4 semaines
Forme
Cylindre
Diamètre
20 cm
Hauteur
8 à 10 cm
Poids
2 à 3 kg
Aire
Cantal et Puy-de-Dôme avec extensions dans les départements limitrophes
Production
8 000 t

Une fabrication rationalisée au XIXe siècle

Antoine Roussel est la grande figure de Laqueuille (Puy-de-Dôme). En 1854, il a maîtrisé la production de fromages bleus d'Auvergne, obtenus jusqu'alors de façon empirique : les grottes de la montagne, où on les affinait, abritent une moisissure qui les faisait bleuir. Il se mit à cultiver des spores de champignon sur du pain, puis inventa le procédé de piquage des fromages. Une technique généralisée à toutes les productions à pâte persillée. Le fromage naît sur les pentes arrosées des volcans d'Auvergne : monts Dore, massif du Cantal et monts de la Margeride. Certaines de ces régions produisent aussi du cantal, ce dernier étant l'apanage des exploitations importantes. Les vaches locales, Ferrandaises ou Salers, ont été souvent supplantées par différentes races laitières. Leur alimentation dépend de l'altitude des exploitations : de l'herbe avant tout, complétée de maïs dans certains secteurs. La production est assurée par six entreprises. La fabrication fermière, délicate à maîtriser, avait disparu depuis 1955. Elle a repris grâce à l'installation d'un producteur. Si le lait cru n'est pas majoritairement employé, un site lui est totalement dédié.

Associée à l'image de l'Auvergne, la vache Salers n'est plus guère utilisée comme laitière.

La fête du bleu d'Auvergne

Depuis quelques années a lieu chaque mois d'août la fête du bleu d'Auvergne à Riom-ès-Montagnes (Cantal). Une occasion unique d'assister à la fabrication du bleu d'Auvergne, de participer à des animations et de voir des expositions dont l'une a trait à la race canine... Bleu d'Auvergne !

La fabrication

Le lait est emprésuré et additionné de spores de *Penicillium roqueforti* (cette pratique se généralise, alors qu'autrefois l'ensemencement en penicillium se faisait plutôt sur caillé au moment du moulage).
Le caillé est découpé en cubes assez

Le bleu d'Auvergne et le vin

La charpente et les épices d'un cahors

Le bleu d'Auvergne est un « bon » fromage, au sens où il est généreux. Le penicillium, qui a lentement investi les cavernes de sa pâte, a modelé son goût. De la puissance, mais aussi une certaine délicatesse. Les pâtes persillées peuvent se révéler difficiles à marier à un vin, mais quand l'accord est trouvé, l'alliance est source d'un ineffable plaisir. Si l'on cherche du côté des vins rouges, on est tenté de trouver l'équilibre dans la puissance. On évitera donc les vins légers et on se tournera vers des bouteilles charpentées, sans tomber dans l'excès tannique. Certains vins du Sud-Ouest semblent tout indiqués. Assez proche voisin du bleu d'Auvergne, le cahors est une valeur sûre. Le « vin noir », issu du malbec, est corpulent et épicé. Il ne devrait pas s'effacer devant la force du penicillium et trouvera même une certaine osmose aromatique. Fruits rouges et poivre pour le cahors contre saveur puissante du champignon pour le bleu d'Auvergne : un duel haut en couleur dans lequel chaque joueur sort gagnant pour la plus grande satisfaction du palais.

Avec un jurançon moelleux, le plaisir des contrastes

Dans un registre un peu moins classique mais tout aussi pertinent, le mariage avec un jurançon moelleux s'avère très agréable. Ce vin naît d'un vignoble proche de la ville de Pau. Ses parfums suaves (agrumes, fruits exotiques, abricot, fruits secs) assurent une belle complémentarité aromatique aux notes de penicillium (sous-bois, cave) apportées par le bleu d'Auvergne. Plaisir aussi offert par le contraste entre la saveur sucrée du vin et la bouche salée et un peu acide du fromage. Il y a du répondant dans chacune des parties et le dégustateur en tire le plus grand profit.

Vins d'accompagnement

VINS ROUGES CHARPENTÉS : cahors, madiran, côtes-du-roussillon-villages, côtes-du-rhône.
VINS LIQUOREUX : jurançon moelleux, pacherenc du vic-bihl moelleux, sauternes, monbazillac…
VINS DOUX NATURELS : banyuls, maury…

grossiers (de 1 à 3 centimètres de côté), de façon à préserver une certaine hétérogénéité de la pâte, brassé et moulé. Après plusieurs retournements en moule, les fromages s'égouttent au moins deux jours. Le salage se fait sur la totalité du fromage, en surface, et généralement au sel sec.
En début d'affinage, les fromages sont piqués, de façon à activer le développement du champignon au cœur de la pâte, qui se trouve ainsi parfaitement aérée, à la fois par l'effet du piquage et par les conditions de moulage (le grain de caillé étant suffisamment volumineux pour ménager de petites cavités naturelles au sein de la pâte).
L'affinage des pâtes persillées est délicat : le développement du penicillium provoque une élévation de la température. Pour évacuer les calories, les chambres frigorifiques ont remplacé au XXe siècle les caves creusées dans la roche. L'affinage dure au moins quatre semaines pour les fromages de plus de 1 kilogramme, et deux semaines pour les formats inférieurs.

La poudre de bleu

Des entreprises du Cantal s'étaient spécialisées dans la fabrication de poudre de bleu à partir de pain de seigle moisi. La dernière cessa son activité en 1975, laissant à des laboratoires le soin de multiplier les souches sauvages dans des conditions plus modernes.

Bleu des Causses

Né au sud du Massif central, à la frontière des influences méditerranéennes et montagnardes, le bleu des Causses est discret par sa diffusion mais possède un caractère affirmé. Parfois pris pour un fromage de brebis, il est pourtant élaboré à partir de lait de vache. Savoureux, puissant, il aime la force épicée d'un cornas ou le contraste chaleureux d'un banyuls.

AOC 1979

Affiné au pays du roquefort

Le bleu des Causses calque son histoire sur celle du roquefort. Pendant des siècles, dans les caves naturelles de Roquefort ou des Causses environnants, on a affiné des fromages issus le plus souvent de mélanges de lait de brebis et de vache. La loi de 1925 qui a défini l'appellation d'origine roquefort l'a réservée au seul brebis. Les fromages de vache de la région ont alors été désignés sous les termes « bleu de l'Aveyron » ou « bleu des Causses » ; cette dernière dénomination fut officiellement reconnue en 1979 lors de l'accession en AOC du fromage. D'abord élaboré par les paysans des Causses aveyronnais, le bleu fut rapidement fabriqué par des industriels qui étendirent leur approvisionnement à la Lozère, à l'Ardèche, à la Haute-Loire, au Cantal et au Tarn. Aujourd'hui, l'aire de production est moins vaste ; elle est circonscrite à une grande partie de l'Aveyron, une partie de la Lozère et du Lot et à deux communes dans le Gard et l'Hérault. Il n'y a pas de production fermière. La fabrication est assurée par quatre entreprises de transformation qui recueillent le lait d'environ deux cents exploitations.

Une vaste zone de production

Comme pour le roquefort, l'aire d'affinage autorisée est bien plus réduite que l'aire de production de lait et de fabrication. Elle est limitée à ce que les gens du Rocher de Combalou qualifient assez injustement de « caves bâtardes », c'est-à-dire aux caves naturelles des causses calcaires situées dans cinq cantons de l'Aveyron et dans les communes de Trèves et de Pegairolles-de-l'Escalette, respectivement dans le Gard et dans l'Hérault. Dans les faits, l'affinage est principalement pratiqué aux alentours de Rivière-sur-Tarn, en aval des gorges du Tarn. Les pâturages s'étendent sur une zone beaucoup plus vaste, des montagnes humides d'Auvergne au piémont viticole languedocien, et connaissent des situations géologiques et climatiques variées, soumis selon les secteurs à des influences montagnardes ou méditerranéennes. Les vaches laitières sont de race Prim'Holstein ou brune, la race Aubrac, autrefois très présente, étant désormais élevée uniquement pour sa viande.

La fabrication

Autrefois saisonnière, la production est désormais annuelle. Même si ce n'est pas une obligation, les

Type
Pâte persillée
Lait cru dans la pratique (non obligatoire)
Fermiers
0 %
Affinage
10 semaines
Forme
Cylindre
Diamètre
20 cm
Hauteur
8 à 10 cm
Poids
2,3 à 3 kg
Aire
Causses calcaires de l'Aveyron (surtout) pour l'affinage, aire plus vaste pour la production de lait
Production
1 200 t

Le bleu des Causses et le vin

Bleu des Causses et cornas : une même puissance

Face à la puissance d'un bleu des Causses, il faut un vin qui ait de la présence : on choisira un accord plutôt classique avec un grand vin rouge ou une alliance plus originale avec un vin doux naturel. À l'extrême est du Massif central d'où est issu ce fromage, sur les flancs qui dominent la vallée du Rhône, l'AOC cornas se développe sur des arènes granitiques. Ses vins sont virils et s'expriment avec force. Mais ces fils de syrah se comportent en total respect et en toute harmonie avec le bleu des Causses. Les tanins du cornas adoucissent la pâte en général assez salée du fromage et la légère amertume qui fait sa typicité. Les arômes épicés du vin se marient très bien avec les saveurs engendrées par le *Penicillium Roqueforti* dans le fromage. C'est surtout par les impressions tactiles en bouche que l'accord est appréciable : du mariage au palais de ces deux produits très structurés, parfois presque violents, naît une sensation de grande douceur, d'une onctuosité aboutie, à travers l'intime apport de chacun.

Bleu des Causses et banyuls : l'alliance des contraires

Dans un autre registre, celui de l'alliance des contraires, on peut être enthousiasmé par la richesse d'un accord avec le banyuls. Issu d'un terroir splendide à tout point de vue, ce vin doux naturel ne se laisse pas impressionner par le bleu des Causses : la robe tuilée des vieux banyuls s'accorde à merveille avec la pâte ivoire parsemée de cavités bleu-vert du fromage ; les fruits secs, les fruits rouges macérés, le cuir et le cacao du vin se marient avec les arômes lactiques du bleu et ceux du penicillium dans une persistance aromatique souvent remarquable. Choc salé-sucré enfin, pour parfaire le bonheur.

Vins d'accompagnement
VINS ROUGES TANNIQUES ET PUISSANTS : cornas, madiran...
VINS DOUX NATURELS ROUGES : banyuls, maury, rivesaltes tuilé, rasteau, porto...

transformateurs utilisent le lait cru et entier. Arrivé à l'usine, celui-ci est emprésuré et additionné de *Penicillium Roqueforti*, le fameux « bleu ». Le caillé est découpé pour donner un grain assez irrégulier. Ensuite s'effectue le brassage, puis le moulage. Une fois égouttés, les fromages sont démoulés pour être salés. Le sel se diffuse lentement dans la pâte, le salage participant à la formation d'une texture très fondante. Vient alors le temps de l'affinage. Dans les Causses, il a toujours été pratiqué dans des caves dites « naturelles », parcourues de courants d'air par le jeu des fleurines, véritables cheminées d'aération formées au travers des éboulis rocheux. Comme en Auvergne, la longue conservation des fromages était assurée par un apport de glace hivernale ; on utilise aujourd'hui des machines frigorifiques. Leur introduction a largement contribué à stabiliser la qualité des fromages. La conservation des bleus posait en effet beaucoup de problèmes autrefois, la production étant la plus forte quand la consommation était à son plus bas niveau. Le bleu des Causses connaît une durée d'affinage minimale de soixante-dix jours, ce qui favorise les processus enzymatiques (lipolyse et protéolyse) qui renforcent notamment l'intensité des arômes du fromage.

Affiné dans la région du roquefort, le bleu des Causses est produit à partir de lait de vache.

Bleu de Gex

S'il est le plus petit des fromages d'appellation produits en Franche-Comté par le tonnage, le bleu de Gex n'en demeure pas moins un produit de qualité, attachant par son histoire, les paysages où il naît et les hommes qui le fabriquent. Encore méconnu, il mérite d'être découvert. Ce bleu discret se montre particulièrement disert en compagnie d'un vin rouge du Jura issu du cépage poulsard : noisette et fruits rouges au menu !

AOC 1977

Type
Pâte persillée
Lait cru
Fermiers
0 %
Affinage
21 jours
Forme
Meule
Diamètre
36 cm
Hauteur
8 à 10 cm
Poids
7,5 kg
Aire
Haut Jura
(à cheval sur
le Jura et l'Ain)
Production
520 t

Une pâte persillée au pays du gruyère

Situé au pied oriental du massif du Jura, Gex est le chef-lieu d'arrondissement de l'Ain. Le bleu du haut Jura y trouvait autrefois son principal marché. Aujourd'hui, seuls quatre ateliers artisanaux (trois dans le haut Jura et un dans l'Ain) perpétuent une tradition fromagère vieille de six cents ans. Au XIVe siècle, un certain nombre de

Le bleu de Gex est produit dans les zones montagnardes du Jura et de l'Ain.

Dauphinois fuyant leur région après son rattachement à la couronne de France s'étaient réfugiés sur les terres de l'abbaye de Saint-Claude ; ils auraient apporté la recette de la pâte persillée - aujourd'hui encore spécialité du Vercors - au pays du gruyère. Jusqu'à la fin du XIXe siècle, la production était exclusivement fermière et sous la responsabilité des femmes. Fabriqué ensuite dans les « fruitières » ou « chalets », le fromage a conservé son originalité et a ainsi pu entrer dans le cercle des appellations d'origine sous le nom de bleu de Gex, bleu du haut Jura ou bleu de Septmoncel.

Le terroir : rude et idyllique

La production du lait, la fabrication et l'affinage du bleu de Gex se déroulent exclusivement dans les départements du Jura et de l'Ain. Tout, dans ce milieu montagnard, concourt à donner à ce fromage un caractère, que ce soit les paysages tourmentés aux larges combes verdoyantes, les pâturages aux multiples espèces végétales où paissent de plantureuses Montbéliardes, les rivières poissonneuses, ou bien encore les forêts de sapins tapissées de champignons et de cyclamens.

Ce petit territoire idyllique, droit sorti d'un roman de Bernard Clavel, recouvre différentes unités géographiques : le haut Jura, la vallée de la Valserine, le Grandvaux, la vallée de la Bienne et le haut Bugey. Ces contrées, caractérisées par un climat rigoureux aux fortes amplitudes thermiques entre l'été et l'hiver, sont vouées au herbages. Comme pour la production du comté et du mont-d'or, les éleveurs ont choisi la race Montbéliarde pour sa rusticité et sa capacité à produire un lait de qualité adapté à la fromagerie. À la belle saison, les animaux paissent sur des prairies naturelles. L'hiver, le foin constitue la ration de base des vaches laitières.

Le bleu de Gex est un fromage artisanal. Le brassage et le moulage (ci-dessus) du caillé sont réalisés à la main.

La fabrication

Le bleu de Gex est toujours produit de manière artisanale. Les opérations d'emprésurage, de décaillage, de brassage et de moulage s'effectuent à la main. Le lait de vache est mis en œuvre à l'état cru et n'est à aucun moment chauffé à une température supérieure à 40 °C. Après le travail en cuve et le moulage, les fromages sont retournés plusieurs fois afin d'évacuer le sérum résiduel. Ils sont ensuite déposés dans un saloir (moule non percé appelé « cuveau ») où ils sont salés au sel sec cinq jours durant, avant d'être expédiés en cave pour l'affinage. Dix jours après la fabrication, on

Le bleu de Bresse : une aire voisine, une production industrielle

Produit dans la plaine de Bresse, au pied des montagnes du Jura, et fabriqué de manière industrielle, le bleu de Bresse n'est pas une AOC. Néanmoins, il provient d'une aire géographique délimitée qui comprend le département de l'Ain et les départements limitrophes. Son histoire débute en 1951, lorsqu'une coopérative cherche à fabriquer un substitut du gorgonzola destiné à la population italienne implantée dans la région. La production atteint aujourd'hui 6 000 tonnes. Doux lui aussi, crémeux, le bleu de Bresse est peu typé.

pratique le piquage des fromages qui vise à faire entrer de l'oxygène et à évacuer le CO_2 afin de favoriser le développement du bleu (*Penicillium glaucum*). L'affinage dure vingt et un jours.

Le service et les saisons de dégustation

Le bleu de Gex est une pâte persillée non pressée et non cuite, en forme de meule à faces planes et à talon légèrement convexe. Sa croûte, blanche à jaunâtre, est légèrement farineuse ; sa pâte, assez ferme et friable, de couleur ivoire, est parsemée de moisissures finement réparties. Son goût, extrêmement fin, reste discret et se marie bien au sel et à une légère acidité. C'est un bleu à part dans la famille des pâtes persillées, que l'on consommera de préférence du début de l'été au sortir de l'hiver. Il n'est vendu qu'à la coupe et son nom est gravé sur l'une de ses faces.

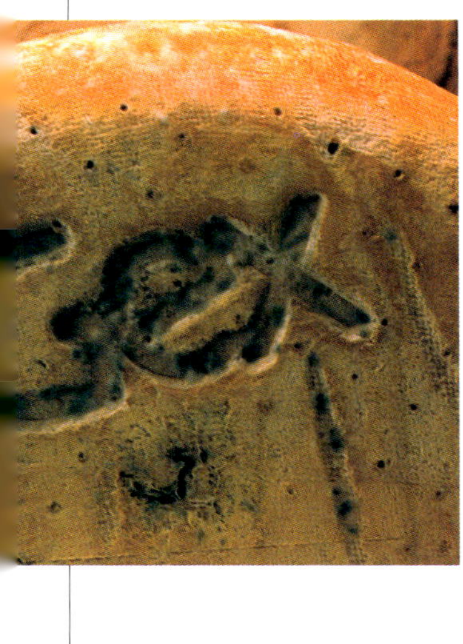

Le bleu de Gex et le vin

Bleu de Gex et Jurassiens issus de poulsard : douceur et fruité

Certes, le bleu de Gex fait partie des pâtes dites persillées ou fromages bleus, mais lorqu'il s'agit de le marier avec les vins, on ne peut l'assimiler à un roquefort ou à un bleu d'Auvergne. Le penicillium, ici discret, suggère une alliance sur le ton du fruit et de la fraîcheur. De ce parti pris peuvent jaillir de multiples choix, mais l'accord le plus stimulant pour les papilles joue la carte régionale, avec un côtes-du-jura ou un arbois rouge. Les vins issus du cépage poulsard sont particulièrement recommandés. On ne sait jamais s'il s'agit de vins rouges ou de rosés tant leur robe est claire. Si l'on considère leur mode de vinification, il faut pourtant les ranger parmi les rouges. Fruité et fraîcheur n'empêchent pas ces vins d'être dotés d'une certaine matière : un style vraiment particulier. La pâte du bleu de Gex s'offre au regard sous des tons ivoire ou crème. Le persillage est réparti en petits points qui forment de larges taches dans tout le fromage, presque comme un mouchetage : la déclaration visuelle du penicillium n'est pas tonitruante. Dès le premier contact avec cette moisissure claire, on pressent que le caractère du

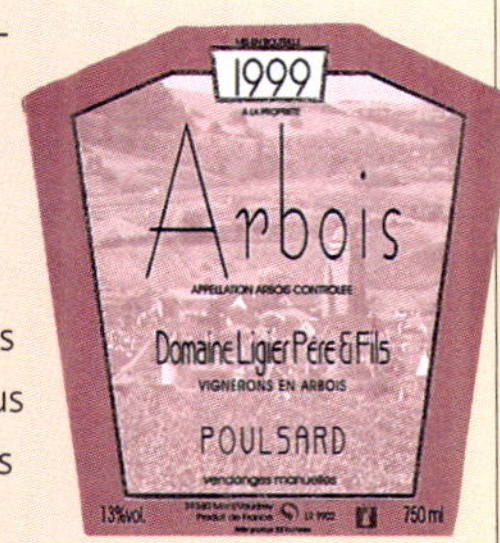

fromage est plein de douceur et qu'il ne faut point le brusquer avec un vin trop carré. Sa texture est souple, presque un peu élastique. La noisette arrive rapidement en bouche, souvent soutenue par un léger trait d'amertume.

Le côtes-du-jura ou l'arbois rouge issu du poulsard est lui aussi discret. C'est un vin qui s'exprime généralement mieux dans sa jeunesse, bien que certaines productions méritent de vieillir. Sa robe claire, rosé léger à rouge rubis quand le vin est jeune, évolue vers des nuances pelure d'oignon avec le temps. Au nez, le fruité domine, parfois accompagné d'une touche sauvage. À l'instar du nez, la bouche est fruitée, peu tannique, plus ou moins légère selon le temps de cuvaison. Le ballet des petits fruits rouges, framboise, groseille ou fraise, commence, et emporte le bleu de Gex dans un tourbillon aromatique qui ravit. Une note acidulée est fréquente, et la persistance en bouche est durable.

Vins d'accompagnement

VINS ROUGES LÉGERS ET FRUITÉS : arbois, côtes-du-jura issus de poulsard, alsace pinot noir, bourgogne rouge, sancerre rouge, beaujolais.

Bleu du Vercors-Sassenage

AOC 1998

Né dans les Préalpes, au cœur de la citadelle naturelle du Vercors, le bleu du Vercors-Sassenage est un bleu assez imposant par son format mais au goût léger, qui fleure le sous-bois d'automne. Avec le côtes-du-ventoux, il forme une alliance empreinte de fraîcheur et de fruité.

Type
Pâte persillée
Lait totalement ou partiellement chauffé

Fermiers
25 %

Affinage
21 jours

Forme
Cylindre

Diamètre
27 à 30 cm

Hauteur
7 à 9 cm

Poids
4 à 4,5 kg

Aire
Vercors (partie de l'Isère et de la Drôme)

Production
100 t

« Bleu du Vercors-Sassenage » : pourquoi ce double nom ?
« Sassenage » est la désignation historique : ce bourg de la vallée de l'Isère, proche de Grenoble, s'il ne possède aujourd'hui plus le moindre lien avec le produit, constituait autrefois le débouché commercial traditionnel des fromages du Vercors, qui constituaient presque la seule richesse de la contrée ; c'était la ville-marché et le fief du seigneur local. Jusqu'à la fin du XIXe siècle, le massif du Vercors était d'ailleurs surtout connu sous l'expression « Montagne de Sassenage »

Résurrection de la production fermière

Mentionné dès le XIVe siècle, ce fromage confidentiel par les volumes produits acquit pourtant très tôt ses lettres de noblesse. Ne fut-il pas servi sur les tables de François Ier et d'Henri IV ? cité par Olivier de Serres dans son *Théâtre d'Agriculture* et par Diderot dans l'*Encyclopédie* ? À l'origine, le bleu n'était pas de pure vache, comme aujourd'hui ; y entrait le lait de l'ensemble du troupeau, qui comprenait aussi des chèvres et des brebis. Dans les années 1930, les fermiers abandonnèrent sa production, qui fut reprise par une seule société. C'est à une véritable résurrection de la production fermière que l'on assiste depuis quelques années.

Le terroir du Vercors

Couvrant vingt-sept communes, l'aire de production constitue une immense dalle calcaire de plusieurs centaines de mètres d'épaisseur, marquée par les calcaires urgoniens, blancs et très durs, à l'origine de reliefs spectaculaires. Une immense falaise, qui a donné à ce massif son apparence de forteresse naturelle, marque ses limites. Par son altitude, aux alentours de 1000 mètres, et sa pluviométrie, le Vercors appartient à l'étage montagnard humide, ce qui explique sa vocation herbagère.

La fabrication

Parmi les fromages à pâte persillée, le bleu du Vercors-Sassenage se distingue par son caillage à forte dominante de présure, qui permet de le qualifier de « bleu doux ». Cette technique traduit une influence italienne. La littérature ancienne est très prolixe sur les recettes de fabrication de ce bleu. On retiendra cet extrait du *Cours complet d'Agriculture*, publié en 1787 par l'abbé Rozier : « On verse [ces] trois espèces de lait dans un grand chaudron [...]. On le chauffe jusqu'à ce que le lait commence à monter, on le retire sur le champ et on le laisse refroidir ; le lendemain, on l'écrème avec une cuillère et on remet du lait

Le Vercors : une dalle calcaire limitée par des falaises. De ces rudes hauteurs naît un bleu doux.

tout chaud que l'on vient de tirer dans la même proportion que la crème que l'on a enlevée. » Aujourd'hui, on distingue le processus industriel ou laitier qui a régné sans partage pendant une cinquantaine d'années, et le processus fermier, sans doute plus proche de la tradition. Pour des raisons tenant à la difficulté de collecte du lait, l'entreprise industrielle a généralisé le traitement thermique sur la totalité du lait mis en œuvre. Depuis quelques années, elle s'est engagée à se rapprocher de la tradition historique. Dans le cas de la production fermière, le traitement thermique du lait se trouve limité à la traite du soir, la traite du matin étant incorporée sans délai.
Après le traitement thermique, le lait est refroidi à une température d'environ 40 °C pour être additionné de ferments thermophiles et de *Penicillium roqueforti* (agent nécessaire à l'obtention du bleu). Après l'emprésurage, le caillé est découpé en grains de la taille d'une noisette ou d'une noix, suffisamment importante pour ménager dans la pâte les anfractuosités nécessaires au bon développement du bleu. Le moulage est réalisé manuellement, toujours pour favoriser l'aération de la pâte. Après salage au sel sec, le fromage fait l'objet d'un affinage en cave au cours duquel il subit au moins deux piquages. Un délai minimal de vingt et un jours, à compter de la date d'emprésurage, est obligatoire avant sa mise en marché.

Le service

Par sa constitution et sa durée d'affinage, le bleu du Vercors-Sassenage est un fromage doux et subtil. D'un abord facile, il trouve sa place non seulement sur le plateau de fromages, mais dans des préparations culinaires comme les quiches. Il constitue l'ingrédient de base de la vercouline, raclette à déguster avec des noix de Grenoble – autre production locale bénéficiant elle aussi d'une appellation d'origine.

La vache villarde sera-t-elle sauvée ?

La vache villarde, ou Villars-de-Lans, est l'une des trois races autorisées pour la production du bleu du Vercors-Sassenage, aux côtés de la Montbéliarde et de l'Abondance. Il ne reste pourtant que 200 animaux en France dont une soixantaine dans la région alors que l'on comptait 15 000 têtes avant guerre. Cette vache couleur froment était élevée à la fois pour son travail, son lait et sa viande. La mécanisation de l'agriculture et la spécialisation des activités ont remis en cause sa présence.

Le bleu du Vercors-Sassenage et le vin

Un vin rouge pour un bleu doux

Le bleu du Vercors-Sassenage est un bleu doux. Douceur ne veut pas dire manque de caractère. Et ici, le caractère, on sait ce que c'est. Le Vercors, immense bloc de calcaire découpé comme au couteau, est un haut lieu de la Résistance. Dans des temps moins dramatiques, on apprécie la saveur de son fromage associée à celle d'un vin rouge présentant une structure ni trop légère ni trop massive. Droit comme les falaises du pays, le bleu du Vercors-Sassenage offre, presque par mimétisme, une croûte blanche à ivoire qui rappelle la couleur du calcaire. La pâte est jaune avec un persillage bleu clair réparti sur toute la surface. Quelques trous d'aiguille, témoins du piquage du fromage, se sont emplis de bleu et sont bien visibles par endroits. L'air est arrivé par ces petites cheminées et a permis le développement du penicillium. La souplesse de la pâte donne envie de dévorer le morceau tout entier. En bouche, le caractère doux est net, mais le bleu est bien là, rehaussant le fromage et ses arômes lactés d'un peu de champignon. À cet instant, on respire le Vercors, on songe à ses immenses paysages. Et l'on a envie d'exalter, par rétro-olfaction, ces arômes délicats en prenant le vin comme catalyseur.

Le côtes-du-ventoux : fruité, complexe et de structure moyenne

L'alliance idéale ? Un côtes-du-ventoux rouge. Cette appellation trouve naissance au pied du Ventoux, un autre massif calcaire. Au pied du « Géant de Provence » qui culmine à 1 912 mètres, entre Vaison-la-Romaine et Apt, les vignes de grenache, de syrah, de cinsault, de mourvèdre et de carignan sont soumises à un climat déjà influencé par la Méditerranée. Élégance et fraîcheur caractérisent les côtes-du-ventoux qui doivent être bus assez jeunes. Le nez peut être puissant ; il est souvent complexe, alliant fruits rouges (cassis, fraise...) et épices. La bouche, fraîche et fruitée, s'accorde avec la pâte légèrement salée du bleu de Vercors-Sassenage. Certains vins, issus de secteurs particuliers ou marqués par des cépages comme la syrah, peuvent être plus corpulents. On les servira avec des fromages fermiers affinés un peu plus longtemps.

Vins d'accompagnement

VINS ROUGES FRUITÉS, FRAIS ET DE STRUCTURE MOYENNE : côtes-du-ventoux, côtes-du-rhône, côtes-du-lubéron, côtes-du-vivarais...

Brie de Meaux et brie de Melun

Si le congrès de Vienne a enterré les ambitions napoléoniennes, il a consacré le brie « roi des fromages ». Ce fleuron du patrimoine gastronomique français séduit par sa riche pâte molle et sa croûte fleurie. Les vins rouges de Bourgogne créeront un bel échange gustatif entre noisette et fruits rouges, saveurs salées et arômes fruités. Et pourquoi ne pas tenter un accord entre un brie de Meaux et un savennières ?

Quand l'Europe sacrait le brie

Les premières mentions du fromage de Brie remontent à l'époque de Charlemagne. L'amateur trouve ensuite quelques références au Moyen Age ou à la Renaissance : Blanche de Navarre, comtesse de Champagne, envoie des fromages de Brie au roi Philippe-Auguste ; Charles d'Orléans en fait cadeau aux dames de la cour ; Gargantua en offre à ses parents.

Mais c'est en 1815 que vient l'heure de gloire du brie, à l'occasion du congrès de Vienne, ce grand ballet diplomatique qui convie la fine fleur de l'aristocratie européenne à régler le sort du continent après la première abdication de Napoléon : Talleyrand en fait un allié de la politique française et emporte l'adhésion de l'Europe attablée en présentant un brie si fabuleux qu'on le sacre « roi des fromages ».

L'aire de production du brie de Meaux

Le brie tire son nom de sa région de production, située au cœur du Bassin parisien, entre Marne et Seine. C'est un plateau argileux, partiellement recouvert de limon, qui se prête aussi bien à la grande culture (blé, betterave) qu'aux prairies (élevage). Les villes, comme Meaux ou Coulommiers, se concentrent surtout dans les vallées. Par suite de l'industrialisation du Bassin parisien, l'aire géographique de production laitière, de transformation et d'affinage s'est étendue au-delà du département de la Seine-et-Marne. Elle englobe aussi une partie de la Marne, de l'Aube, du Loiret, de l'Yonne, de la Haute-Marne et de l'Aube. Si aucune race bovine laitière n'est imposée, on constate une prédominance de la Prim'Holstein. La production est assurée par neuf fabricants et quelques affineurs.

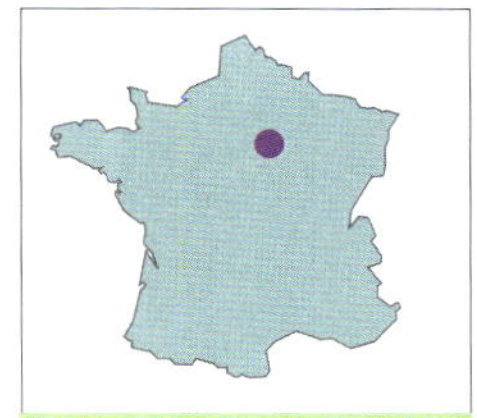

AOC 1980

Brie de Meaux.

Brie de Melun.

La fabrication

Brie de Meaux et de Melun sont fabriqués exclusivement au lait cru. Le lait ne peut à aucun moment être chauffé à une température

Brie de Meaux

Type
Pâte molle
à croûte fleurie
Lait cru

Fermiers
2,5 %

Affinage
4 semaines
minimum

Forme
Meule

Diamètre
36 à 37 cm

Hauteur
2,8 cm

Poids
2,5 à 3 kg

Aire
Île-de-France
et Champagne
(Seine-et-Marne
avec extensions
vers l'est et
le sud dans les
départements
limitrophes
et jusqu'en
Haute-Marne)

Production
7 500 t

susceptible de détruire, même partiellement, la flore microbienne naturelle. Les arômes caractéristiques du fromage sont ainsi préservés. Le lait est caillé à l'aide de présure animale ; la coagulation dure environ une heure. Le caillé fait l'objet d'un sabrage manuel, avant d'être moulé à l'aide d'une pelle à brie, sorte de grande écumoire munie d'un manche qui se recouvre vers le dessus. Les moules sont cylindriques ; l'égouttage est spontané. Le salage est effectué au sel sec.

Une semaine après leur fabrication, les fromages partent en cave d'affinage, où ils sont retournés régulièrement. Si la durée minimale d'affinage est de quatre semaines à compter du jour de fabrication, le brie de Meaux sera de préférence consommé après huit semaines d'affinage : sa pâte est onctueuse, homogène et de teinte uniformément crème ; sa croûte, fine, blanche et ponctuée de traits où se dessinent de discrètes taches rougeâtres. Le fromage est présenté de manières diverses : entier, en demi-fromage ou en portions d'un quart, d'un huitième, d'un douzième et d'un sixième de fromage.

Le service

Bries de Meaux et de Melun se présentent en quartiers du centre vers l'extérieur. Les convives le découpent en fines lamelles. On les consommera de préférence en été, en automne ou en hiver.

Le brie de Melun

De plus petite taille que le brie de Meaux (environ 27 cm pour 1,5 à 1,8 kg), il présente une croûte fine, recouverte d'un feutrage blanc parsemé de stries ou de taches rouges ou brunes, voire lie de vin. Sa pâte jaune d'or, homogène, souple, lisse, onctueuse, montrant peu d'ouvertures, ne coule pas à la température de consommation. Le brie de Melun dégage une forte odeur de terroir, son bouquet est puissant, son goût fruité. Souvent considéré comme l'ancêtre des fromages de Brie, il remonterait, selon certains auteurs, à l'époque préromaine ! Sa fabrication, très délicate, ne s'effectue plus guère à la ferme, comme autrefois (11 % de la production). De petites laiteries ont pris le relais, en conservant les traditions fermières. L'aire du brie de Melun est plus restreinte que celle du brie de Meaux (département de la Seine-et-Marne, une partie de l'Aube et de l'Yonne). La production, très limitée (220 t), est assurée par quatre fabricants et quatre affineurs.

La coagulation du lait dure au moins dix-huit heures. Le caillé, après un léger brassage, est moulé manuellement à la louche. Les fromages sont retournés plusieurs fois dans la journée pour faciliter l'égouttage. La pâte obtenue, très fragile, doit être manipulée avec d'infinies précautions. Après un salage au sel sec sur les deux faces, l'affinage dure quatre semaines au minimum. Le fromage est affiné à cœur au bout d'une cinquantaine de jours. Il ne peut être vendu qu'à la coupe.

Les bries et le vin

En rouge : à chaque brie son bourgogne

Qu'ils soient de Meaux ou de Melun, on appréciera les bries en compagnie d'une autre valeur sûre du paysage gastronomique national : les vins rouges de Bourgogne.

Avec le brie de Meaux, on choisira des vins issus du pinot noir, fruités mais suffisamment structurés pour ne pas perdre leur âme face à un fromage très présent par ses arômes quand il est à point. Les appellations communales de la Côte de Beaune sont les plus à même de s'exprimer tout en laissant le fromage s'épanouir. On pourra choisir dans les crus les plus connus, santenay, chassagne-montrachet, volnay, pommard, beaune, savigny-les-beaune ; ou bien se laisser tenter par des appellations, qui, pour être moins prestigieuses, laissent souvent de grands souvenirs, telles monthélie, saint-romain ou saint-aubin. La pâte du brie de Meaux, onctueuse, fond en bouche et développe une fine saveur de noisette. Le gourmet n'ôtera pas la croûte, vecteur aromatique supplémentaire. Bien vinifiés, c'est-à-dire quand le fruit est issu d'une extraction raisonnable, les vins de la Côte de Beaune apportent une belle fraîcheur en bouche. Les tanins sont suffisamment fins pour ne pas se heurter au brie de Meaux ; au contraire, ils le soutiennent au palais. On veillera à ne pas servir des vins trop boisés ou trop âgés. Ils développent un côté empyreumatique ou animal qui viendrait compromettre l'accord. Le fruité est indispensable, de même qu'une structure suffisamment vive.

Accompagner un brie de Melun est plus délicat.

Possédant une croûte plus brune, voire rouge après un long affinage, il se caractérise en effet par un goût plus puissant. Solides mais élégants, toujours prêts à décliner des notes bienvenues de framboise, de fruits à noyau et de cassis, les gevrey-chambertin sauront répondre à ces exigences. Pleins de tonus, ils sont également dotés d'une solide charpente et sauront entourer le brie de Melun d'une attentive mais solide présence. Si la première impression peut apparaître un peu rude, la rétro-olfaction procure en général une certaine jouissance.

En blanc : le savennières, nerveux et de caractère

Il n'est pas interdit de se laisser aller à des accords plus hardis, de marier par exemple un brie de Meaux à un savennières. Ce vin blanc sec de la vallée de la Loire, issu d'un terroir de schistes et de grès pourpres, a suffisamment d'aplomb

pour s'affirmer devant un brie de Meaux point trop affiné. Le savennières trouve dans les notes minérales qu'il libère un terrain d'entente des plus favorables. Ses nuances florales et fruitées pourront aussi s'accorder avec le fromage, surtout si elles tirent du côté de l'acacia, de l'aubépine et des fruits mûrs. La nervosité de ce vin, voire son austérité, deviennent vite les alliés d'un fromage qui a un caractère bien trempé.

Vins d'accompagnement

VINS ROUGES : BOURGOGNES alliant fruité et structure (pour le brie de Meaux, vins de la côte de Beaune : pommard, volnay, beaune, monthélie, saint-romain, saint-aubin... ; pour le brie de Melun, vins plus charpentés de la Côte de Nuits comme le gevrey-chambertin) ; sancerre et coteaux champenois rouges (plutôt sur un brie de Meaux).

VINS BLANCS SECS SUFFISAMMENT NERVEUX : savennières, jasnières, anjou, vouvray et autres vins de Loire nés de chenin.

Brocciu

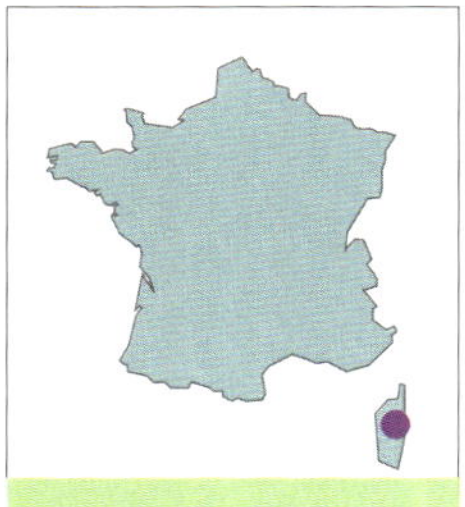

AOC 1983

Moulage du brocciu dans des faisselles.

Type
Fromage de lactosérum
Lait cru

Fermiers
19 %

Affinage
Passu : 21 jours
Sec : plus de 45 jours

Forme
Cône tronqué

Diamètre
9, 11, 15, 20 cm

Hauteur
6,5, 8, 12, 18 cm

Poids
250 g, 500 g, 1 kg, 3 kg

Aire
Corse

Production
470 t

L'élevage extensif est l'une des activités traditionnelles de la Corse, et le brocciu, élaboré à partir de lait cru de chèvre et de brebis, l'une de ses productions ancestrales. Consommé frais et sucré, ce fromage s'exprimera avec le muscat du cap corse dans le registre de la douceur. Plus affiné, il exigera la charpente d'un ajaccio. Sec, ce sera avec les tanins vigoureux et l'intensité aromatique d'un patrimonio qu'il composera une autre polyphonie corse.

Quand les bergers ne perdaient rien

À l'origine, l'Ile de Beauté était le pays des bergers, où paissaient, tranquilles, moutons et chèvres. Le fromage servait au pasteur de monnaie d'échange pour d'autres denrées. En ces temps où la vie était rude, rien ne devait se perdre. Aussi le petit-lait résiduel de la fabrication du fromage fut-il utilisé pour faire du brocciu. Les méthodes ancestrales se sont perpétuées jusqu'à nos jours et le fromage bénéficie d'une AOC.

L'élevage ovin et caprin est resté une des activités principales de l'agriculture corse. De race insulaire, le cheptel comprend 91 000 brebis et 40 000 chèvres, fournissant un volume de lait de 115 000 hectolitres et 5 000 hectolitres respectivement. L'élevage est extensif.

La nourriture, essentiellement de parcours, peut être complétée de fourrages et de céréales qui doivent être majoritairement (80 %) produits dans l'aire d'appellation. Quelque quatre cents producteurs fermiers fabriquent eux-mêmes leurs fromages et quatre cent cinquante éleveurs livrent leur lait à quinze fromageries.

Une recette originale à base de petit-lait

Le brocciu est issu de la fermentation de lait cru et frais de brebis et de chèvre. Une fois filtré, le petit-lait est chauffé à une température de 40 à 50 °C. Dès lors, il est additionné de lait frais, dans une proportion maximale de 25 %. Le mélange est brassé lentement, soumis à un écumage régulier, puis salé pendant la cuisson. Lorsque la température atteint 80 à 90 °C, la floculation des protéines du lait commence.

Apparaît alors à la surface du liquide un fromage blanc à l'aspect coton-

Troupeau de chèvres dans la vallée d'Alesani.

neux, le brocciu. À l'aide d'une écumoire, on le prélève délicatement et on le répartit dans des moules, couche par couche. Une opération à réaliser rapidement afin d'éviter une cuisson excessive. Au moment de la floculation, il est préférable d'ajouter de l'eau claire (15 % au maximum) pour obtenir un brocciu plus tendre. Le fromage est ensuite égoutté, refroidi à température ambiante, puis conservé au frais. Aujourd'hui, les moules traditionnels en jonc (appelés *casglaghia*) ont été remplacés par des faisselles en plastique, et le conditionnement sous vide permet une plus longue conservation. Le fromage corse peut ainsi être expédié sans risques vers le continent.

Les styles de brocciu et les saisons de dégustation

• **Le brocciu frais** est blanc cassé, d'aspect satiné. Sa texture est lisse, onctueuse et légèrement tremblante. Ses arômes délicats évoquent le lait de chèvre ou de brebis, et sa saveur crémeuse, équilibrée, est légèrement salée. Ce fromage se conserve quelques jours seulement, à basse température et à l'abri de l'air. Si certains amateurs l'apprécient chaud ou tiède, il se consomme traditionnellement froid et du jour comme fromage ou dessert, accompagné de sucre et arrosé de café ou d'eau-de-vie. Une variante délicieuse consiste à le mélanger à du miel de Corse.

Au-delà de deux à trois jours de conservation, le fromage s'utilise dans les préparations culinaires : omelettes ou pâtisseries (beignets, fiadone au citron, imbrucciata...)

• **Le brocciu passu** est destiné à la garde. Il trouve sa place sur le plateau de fromages. Il se décline en trois types différents selon leur durée d'affinage : passu, sec, salitu.

– Le brocciu passu est un brocciu frais légèrement plus cuit, salé à la main dans les vingt-quatre heures suivant sa fabrication. Sa durée minimale d'affinage est de vingt et un jours. Ce fromage perd de son humidité, se couvre d'une pellicule beige jauni ou bleuté. À la coupe, il est d'un blanc éclatant. Sa texture fine et ferme développe une saveur très douce et des arômes de lait de brebis ou de chèvre.

– Le brocciu sec a été affiné plus de quarante-cinq jours. Son volume a considérablement diminué ; il a perdu presque toute son humidité : les matières grasses et les protéines se sont concentrées et ses arômes sont plus forts, très typés « chèvre » ou « brebis ».

– Le brocciu salitu est un brocciu frais légèrement plus cuit, salé à la main jusqu'à saturation.

Il est destiné à la très longue conservation et doit être dessalé pour être consommé et utilisé dans la cuisine traditionnelle.

Le brocciu pèse traditionnellement entre 500 grammes et 1 kilogramme. Toutefois, il existe des formats plus petits ou plus grands (pour les pâtissiers).

Le brocciu et le vin

À chaque âge son vin corse : muscat du cap corse pour le brocciu frais…

La règle de base dans l'accord vin-brocciu consiste à prendre en compte la durée d'affinage. Par ailleurs, les proportions de lait de chèvre et de brebis entrant dans le mélange ayant servi à la fabrication peuvent entraîner de notables variations de goût qu'il faudra considérer avant toute tentative de mariage.
Le brocciu frais est tendre. Il offre une saveur où la crème est dominante, avec juste une pointe salée pour rehausser le goût. Le menu peut alors offrir fromage et dessert pour le même prix ! Le brocciu frais est en effet souvent accompagné de sucre. Face à son onctuosité et à sa légèreté aromatique, la douceur s'impose. Le muscat du cap corse est l'interlocuteur privilégié, qui fera s'ouvrir pleinement le fromage aux papilles. Établis à l'extrême pointe de l'Ile de Beauté, quelques vignerons élaborent l'un des plus beaux vins doux naturels qui existent. Le muscat à petits grains trouve dans les terroirs calcaires ou schisteux du nord de l'île de quoi s'épanouir en toute originalité. Dans sa robe d'or, le muscat du cap corse délivre des notes de miel, de fruits secs et de fleurs blanches. Ces mêmes saveurs florales se retrouvent en bouche avec l'indispensable pointe muscatée. L'alcool et le sucre caressent le palais encore pétri de la douceur de la pâte du brocciu. Face à la mer, à Macimaggio ou encore à Barcaggio, et un soir de juin, les sensations n'en ont que plus de force.

… de l'ajaccio ou du patrimonio pour le brocciu passu

Le brocciu passu, toujours original, est parfois encore doux, parfois beaucoup plus affirmé. Dans sa version « sec », il est dominé par les arômes de chèvre ou de brebis. La texture se raffermit : un appel à des vins rouges plus structurés. Avec un fromage pas trop affiné, on dénichera un vin rouge d'Ajaccio, issu principalement du cépage sciacarellu. Les vins nés dans les granites de ce terroir de Corse du Sud sont fins, élégants, dotés d'une charpente solide mais encore ronde. Le fromage trouvera du répondant dans ses notes de sous-bois et d'épices. En accompagnement d'un brocciu sec, plus longtemps affiné, on appréciera un patrimonio. Le cépage niellucciu donne des vins charpentés, qui libèrent une palette aromatique imposante dans un style assez viril fait de fruits rouges très mûrs et de gibier. Une alliance forte qui laisse une impression de fierté et d'accomplissement.

Vins d'accompagnement

VINS BLANCS DOUX sur du brocciu frais : muscat du cap corse et autres vins doux naturels de muscat (muscat-de-beaumes-de-venise, muscat-de-rivesaltes,muscat-de-frontignan, muscat-de-lunel, muscat-de-mireval, muscat-de-saint-jean-de-minervois).

VINS ROUGES ASSEZ STRUCTURÉS sur du brocciu passu : ajaccio, côtes-de-provence, bandol, les baux…

VINS ROUGES TRÈS CHARPENTÉS sur du brocciu sec : patrimonio, fitou, corbières…

Camembert de Normandie

Il est sans doute le plus connu des fromages de vache produits en France. Ce cylindre plat recouvert d'une moisissure blanche dévoile une belle pâte ivoire ou jaune crème qui fond sous la langue. Ses arômes sont proches du champignon, du foin, avec des senteurs animales, tandis qu'en bouche, les saveurs salées et amères dominent sans excès. Face à un tel tempérament, le cidre du Pays d'Auge sera plus à l'aise que le vin.

AOC 1984

Type
Pâte molle et croûte fleurie
Lait cru partiellement écrémé

Fermiers
0 %

Affinage
21 jours minimum

Forme
Cylindre plat

Diamètre
10,5 à 11,5 cm

Hauteur
3 cm

Poids
250 g

Aire
Normandie (surtout la Basse-Normandie : Calvados, Orne, Manche)

Production
13 000 t

Le camembert et les révolutions

Elle a sa statue à Camembert : on ne peut parler du célèbre fromage normand sans évoquer Marie Harel, cette habitante du village qui en a lancé la fabrication. La Révolution – ou plutôt la contre-révolution – est au cœur de la légende du démocratique camembert : la fromagère du Pays d'Auge aurait caché en 1791 un prêtre réfractaire. En retour, le clerc, originaire de la Brie, lui aurait confié la recette du fromage. À vrai dire, si Marie Harel a bien existé, la fortune du camembert est aussi liée à deux révolutions économiques. La première est la révolution herbagère, qui, à partir du XVIIIe siècle, a largement substitué la prairie à la forêt ou aux cultures en Pays d'Auge pour développer l'élevage des vaches laitières et la production de beurre et de fromages à pâte molle. Thomas Corneille (le frère de Pierre) évoque ainsi en 1702 les fromages du pays de Camembert, des productions sans doute différentes de celles consommées aujourd'hui. La deuxième révolution a trait aux transports.

La rencontre de la vache et du chemin de fer

À partir des années 1850, le chemin de fer, qui met le Pays d'Auge à moins de six heures de Paris contre trois jours auparavant, permet à la capitale de découvrir le camembert. La demande explose et les petites exploitations n'ont plus assez de lait pour honorer leurs commandes. Les fermes fromagères le leur achètent, ce qui modifie le type de lait utilisé : il ne s'agit plus d'un lait tiède mis en œuvre sitôt après la traite, mais d'un lait acidifié par l'attente dans les bidons avant son ramassage.
Avec une telle matière première, la technologie doit s'adapter. Elle est mise au point par les descendants de Marie Harel, puis développée par les fondatrices des grandes dynasties fromagères, encore des femmes : Léontine Lepetit, Émilie Lanquetot, Amanda Bisson. Une innovation dans son emballage, la boîte en bois, permet au camembert de voyager encore plus loin.

Un succès fulgurant

Cette réussite commerciale fait des envieux, et plusieurs fromagers se mettent à fabriquer du camembert dans des contrées très éloignées de la Normandie. À la fin du siècle, plus d'un quart de la production s'est évadé de la région d'origine. Ce fromage, dont les conditions de fabrication ont été mises au point en une ou deux générations, ne dispose à cette époque d'aucune définition écrite et aucune mesure ne peut être envisagée pour réserver au Pays d'Auge l'exclusivité de sa fabrication.

Au début du XXᵉ siècle, les grandes familles fromagères du Pays d'Auge se regroupent pour tenter de protéger leur produit, mais en vain. Il faut attendre 1984 pour que soit consacrée l'AOC camembert de Normandie, réservée aux fromages respectant le lien au terroir normand et les techniques issues de la tradition. Les fabrications de camembert à l'extérieur de cette aire, si elles ne bénéficient pas de l'AOC, restent licites.

La fabrication

Débarrassé d'une partie de sa matière grasse, le lait s'acidifie sous l'action des bactéries lactiques pendant plusieurs heures, puis on ajoute la présure. Le caillé est prélevé délicatement à l'aide d'une louche et déposé dans un moule. Pour former un fromage, au moins cinq louches, correspondant au total à environ 2,2 litres de lait, sont déposées toutes les quarante-cinq minutes. L'égouttage se déroule sans aucune pression pendant vingt heures. Il achève la cohésion du camembert, lequel garde de cette technique respectueuse du caillé une texture souple et onctueuse. Débute alors, après le salage, la phase d'affinage – au minimum vingt et un jours. Dans l'atmosphère humide et fraîche des hâloirs se développe à la surface des fromages un feutrage associant divers micro-organismes : des levures, du geotrichum, le célèbre penicillium qui donne à ce fromage sa couleur blanche caractéristique, puis quelques ferments du rouge. Le camembert est enfin protégé par sa boîte en bois.

Le service

Très lié à la qualité du lait, le goût du camembert n'est pas identique tout au long de l'année ; il varie avec la flore des prairies. Les gourmets apprécient le camembert d'octobre, marqué par celle, très

L'herbe et la vache

Le camembert est fortement marqué par les caractéristiques du milieu naturel augeron. La régularité des pluies, la douceur des températures et la texture argileuse des sols permettent une pousse très régulière, presque continue, de l'herbe. Les éleveurs du Pays d'Auge ont participé, avec ceux d'autres régions normandes, à la sélection de la vache devenue, dès la fin du XIXᵉ siècle, la meilleure fromagère de France : la Normande. Cet animal dispose en effet, par la qualité et la quantité des protéines de son lait, d'une aptitude exceptionnelle pour la fromagerie.

variée, du regain d'herbe qui suit la sécheresse estivale. Par ailleurs, il existe à l'intérieur de la Normandie, des crus de lait bien différents : le Pays d'Auge, le bassin d'Isigny, le Bocage ornais, le Cotentin...

Pour la conservation, l'idéal est la cave souterraine. À défaut, on gardera le camembert dans la partie la moins froide et la plus humide du réfrigérateur, le bac à légumes. Pour éviter la dessiccation, on l'enfermera dans un linge humide ou du papier. Le fromage sera servi à une température de 18-20 °C. S'il est conservé au froid, il devra être sorti de son emballage au début du repas et préservé de la chaleur.

Le goût du camembert évolue au cours du temps. Pour connaître le degré d'affinage, on se reportera à la date limite de consommation. Trente-cinq jours avant la date indiquée, le camembert est blanc : son goût est doux avec une légère acidité, sa pâte friable. Vingt-cinq jours avant, il est demi-affiné : son goût s'intensifie ; en périphérie, sa pâte devient onctueuse et se colore, mais elle garde un cœur friable et blanc. Dix jours avant la date limite, le camembert est affiné ; sa croûte est légèrement orangée par les ferments rouges ; sa pâte est souple, la décoloration homogène et la puissance aromatique optimale.

Faut-il manger la croûte ? Certains amateurs estiment qu'elle est indispensable, d'autres la retirent. Le bon compromis normand pousserait à laisser la croûte des faces et à retirer le talon.

Le camembert et le vin

Si l'on tient au vin : un blanc ou un rouge léger

Au risque de mettre à mal l'image d'Épinal que constitue le triptyque camembert, bouteille de rouge et baguette, il faut se rendre à l'évidence : le fromage normand n'exulte pas devant un vin rouge... En effet, la personnalité d'un camembert digne de ce nom est telle que son mariage est malaisé. Puissamment aromatique, fort en goût, il assassine presque tous les vins rouges. Si l'on tient au vin et aussi paradoxal que cela puisse paraître, on tentera un vin plutôt léger, dans les appellations beaujolais ou touraine par exemple. Un vin tannique, de Bordeaux ou du Sud-Ouest par exemple, viendrait relever de manière outrecuidante l'amertume du camembert. L'accord est plus plaisant avec les vins blancs, soit secs comme l'anjou, soit liquoreux comme les coteaux-du-layon de la même région. D'un côté une dégustation qui dégage une certaine vivacité, agréable pour un en-cas et de l'autre une confrontation acide-amer-sucré. Ce dernier accord semble meilleur avec un fromage jeune dont la douceur et le côté noiseté seront mis en valeur qu'avec un fromage plus affiné, plus sauvage sur le plan aromatique. Une fois encore, l'âge du fromage est primordial.

Le cidre, pour un accord idéal

On peut essayer une alliance régionale certes non viticole mais qui reste somme toute la plus aimable : celle du cidre du Pays d'Auge. Il s'agit aussi d'une AOC. Élaboré à partir d'une variété de pommes douces amères, douces et acidulées, le cidre du Pays d'Auge prend sa mousse en bouteille. À l'œil déjà, cidre et camembert se plaisent. Les tons sont chatoyants, entre l'ocre rouge du premier et la pâte jaune paille du second. Le camembert est très présent au nez quand il est à son optimum tandis que le cidre distille d'agréables et rafraîchissantes notes de pomme. En bouche, la pâte du fromage est souple, le registre aromatique puissant, avec un fond légèrement acide. Le cidre, assez vif, dégage des notes de miel et de bergamote. Son fruité, sa fine acidité, sa touche d'amertume et son agréable pétillement laissent un contact plaisant avec le gras et les saveurs salées et amères du camembert.

Vins d'accompagnement

VINS BLANCS SECS ASSEZ STRUCTURÉS : anjou et autres vins de chenin de cette région (savennières, vouvray, montlouis...)
VINS LIQUOREUX de l'Anjou : coteaux-du-layon, coteaux-de-l'aubance, coteaux de saumur...
VINS ROUGES LÉGERS : beaujolais, touraine gamay, anjou gamay...

Cantal

Au cœur du Massif central, le Plomb du Cantal, vestige d'un très ancien volcan, est environné de hauts plateaux. C'est la région d'origine d'un fromage imposant et généreux, fabriqué sur ces rudes et vertes hauteurs depuis des temps immémoriaux. Notes fraîches d'un graves blanc pour un cantal jeune, épices et réglisse d'un haut-médoc pour un cantal entre-deux ou vieux : à chaque âge ses amours...

Type
Pâte
Lait cru (38 %) ou pasteurisé
Fermiers
1 %
Affinage
30 jours minimum
Forme
Cylindre
Diamètre
36 à 42 cm (grand format)
Hauteur
8 à 10 cm
Poids
35 à 45 kg
Aire
Auvergne (département du Cantal avec quelques extensions dans les départements voisins)
Production
19 000 t

AOC 1956

Les âges du cantal
À trente jours, le cantal est vendu « jeune ». Sa croûte est fine, légèrement grisée. La pâte, ivoire, est souple. Sa douce saveur plutôt lactique a conquis bien des consommateurs. Après un affinage de deux à six mois, l'« entre-deux » se dévoile sous une croûte bouton d'or. Le goût devient plus fruité mais aussi plus puissant. Après six mois, la croûte est plus épaisse et parsemée de fleurs rouge orangé. Ce cantal vieux au caractère prononcé connaît une diffusion plus restreinte.

Né sur les vertes planèzes

À lire Pline l'Ancien, les fromages du Massif central étaient déjà appréciés à Rome. Le cantal est l'un des plus anciens fromages de vache que l'on connaisse. Cela fait plus de quatre siècles qu'on l'a décrit en soulignant sa taille respectable. En 1560, Bruyère-Champier, de son prieuré d'Allanche (Cantal), rapporte ainsi que les « Arvernes fabriquent des fromages de grande réputation [...] supérieurs à tous les autres fromages français aussi bien sous le rapport de la grandeur que du goût ».
Au sein de ce pays, les vieux volcans forment un vaste massif où culmine le Plomb du Cantal, à 1 858 mètres. Disposées en étoile à partir du centre de ce massif, des vallées verdoyantes séparent de hauts plateaux, appelés planèzes. Le climat y est rude et la pluviométrie élevée. L'hiver, la neige couvre les sommets et le silence s'installe alors pour de longues semaines, contrastant avec l'intense activité estivale ponctuée par les sonnailles bovines.
Ici comme ailleurs, transformer le lait en fromage représentait le moyen idéal d'assurer l'alimentation tout au long de l'année et, particulièrement, en hiver. Très tôt, le cantal fit l'objet d'un commerce actif. Dès le XVe siècle, on le trouve à Toulouse et à Montpellier. Appelé aussi fourme du Cantal, il a bénéficié d'une AOC dès 1956.

Du buron à la laiterie

Le cantal est produit dans le département du même nom et dans quelques communes des départements limitrophes, au cœur de l'Auvergne.
La vache est ici emblématique. Elle représente la richesse du pays. Pendant longtemps, la race de Salers a fourni le lait destiné

à la fabrication du cantal. Elle était associée à une économie pastorale florissante, celle des « montagnes » cantaliennes. De la Saint-Urbain, le 25 mai, à la Saint-Géraud, le 13 octobre, les troupeaux passaient la belle saison dans les « estives ». Pendant cette période, une équipe de trois ou quatre hommes fabriquait le fromage dans des burons, abris de pierre couverts de lauzes. Cette troupe, louée pour la saison par le propriétaire des vaches, était composée du vacher, du boutillier et du pastre, chacun ayant un rôle précis au sein d'une hiérarchie bien établie. Les fromages étaient affinés dans la cave et vendus aux marchands d'Aurillac, de Murat ou de Salers. Ce système s'écroula en très peu de temps : un millier de burons après guerre, une dizaine en activité aujourd'hui. La rareté de la main-d'œuvre, la pénibilité du travail et les contraintes liées à la vache Salers, qui n'accepte de se laisser traire qu'en présence de son veau, entraîna sa chute. Si son élaboration fait toujours appel au savoir-faire des buronniers, le cantal est aujourd'hui principalement fabriqué en laiterie.

La fabrication

Fromage de garde, le cantal est un costaud de nature. Une fourme peut peser jusqu'à 45 kilogrammes. Pour fabriquer un cantal de 40 kilogrammes, il faut environ 400 litres de lait. Le fromage peut être élaboré à partir de lait cru ou pasteurisé. Le lait est réchauffé puis emprésuré. Le caillé une fois formé est découpé et brassé. Après avoir évacué l'essentiel du sérum, le fromager le rassemble en une masse compacte qui est transférée dans un presse-tome, appelé également *catchaïre*, sorte de pressoir

Le cantal a longtemps été fabriqué sur les hauteurs volcaniques du Massif central.

Le cantal et le vin

Avec un cantal jeune, graves blanc ou saumur-champigny

Pour bien marier un fromage de Cantal et un vin, il faut connaître son degré d'affinage : entre un cantal jeune de trente jours et un cantal vieux d'un an, c'est le jour et la nuit.

Impétueuse jeunesse ou puissance de l'âge, chacun révèle ses charmes, lié à son niveau de maturité. Le cantal jeune sera bien mis en valeur avec un graves blanc déclinant des notes fraîches et des tonalités de fleurs d'agrumes. Si l'on se sent plus à l'aise en compagnie d'un rouge, un vin léger et fruité comme le saumur-champigny fera l'affaire.

Vins d'accompagnement

VINS BLANCS SECS : graves ou côtes-de-duras sur un cantal jeune.

VINS ROUGES PLUTÔT LÉGERS ET FRUITÉS : saumur-champigny, anjou, anjou-villages, bourgueil, saint-nicolas-de-bourgueil, chinon sur un cantal jeune.

VIN ROUGES TANNIQUES ET ÉPICÉS : haut-médoc, pauillac, faugères, saint-chinian, coteaux-du-languedoc, corbières... sur un entre-deux et un vieux cantal.

Avec un entre-deux ou un vieux cantal, haut-médoc ou faugères

Avec un cantal entre-deux ou vieux, le goût épicé et réglissé d'un haut-médoc s'accordera tout à fait. Mais pourquoi ne pas penser à un faugères ? Cette alliance gastronomique recommandée affirmera la relation ancienne qui existe entre vins du Languedoc et fromages du Cantal. On se souviendra aussi des émigrants de ces pays rudes, comme les vitriers du petit village de Marchastel, qui allaient à Béziers ou à Montpellier, un morceau de cantal en poche. Aurait-on oublié enfin que les vins du Midi qui approvisionnèrent des décennies durant la capitale transitaient par une ligne ferroviaire tombée en désuétude au moment de la mise en eau du barrage de Bort-les-Orgues, et qui traversait justement les hauts plateaux du Cezallier cantalien, terre d'estive des vaches Salers ? Si le troc entre cantal et vins du Languedoc est aujourd'hui révolu, l'alliance des goûts est toujours de mise.

permettant d'exsuder le sérum restant après plusieurs retournements et découpages successifs. Ce pressage terminé, la tome mûrit et s'acidifie jusqu'à ce que le fromager décide de la broyer. Le salage ne s'effectue pas sur la surface du fromage comme dans d'autres fabrications, mais dans la tome même. Après une nouvelle maturation, la tome est disposée dans des moules munis d'une toile et mise sous presse. Plusieurs retournements ont lieu au cours de ce pressage progressif qui dure environ quarante-huit heures. Les fromages démoulés subissent un affinage en cave dont la durée varie selon le caractère recherché. Au cours de cette étape, les fourmes sont frottées et retournées régulièrement. La croûte se forme lentement. La durée minimale d'affinage est de trente jours.

Le service

Le cantal est disponible toute l'année. Il existe en trois formats : le cantal, le petit cantal et le cantalet (une quarantaine, une vingtaine et une dizaine de kilogrammes respectivement). On le découpe dans le sens de la longueur de la tranche afin de conserver un morceau de croûte à chaque portion. Le cantal jeune peut agrémenter des salades composées, marié par exemple avec pommes, raisins, noix et noisettes et se prête à la fondue et aux gratins. Une recette régionale ? La rustique truffade, poêlée de pommes de terres aux lamelles de tome.

Chabichou du Poitou

Le Poitou fournit nombre de fromages de chèvre fabriqués en France. Bénéficiant d'une appellation, le chabichou est l'un des fleurons de cette production. Sa nature franche et douce lui ouvre bien des alliances. D'abord celle d'un vin local, le haut-poitou, dans sa version blanche, puis celle du saint-pourçain rouge ou blanc.

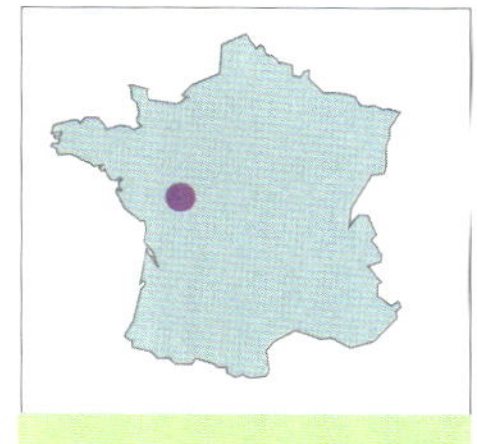

AOC 1990

La chèvre et la vigne

Un legs des Sarrasins, le chabichou ? Il vient du Poitou, pays où Charles Martel arrêta leur invasion et l'histoire du fromage commencerait là, selon la légende. Toujours est-il qu'aujourd'hui, ce Poitou calcaire est le royaume de la chèvre après avoir été celui de la vigne jusqu'à la crise phylloxérique. Le marché de Neuville-de-Poitou fut longtemps le lieu de vente privilégié des fromages. Une production consacrée par une appellation d'origine contrôlée en 1990. Son aire, située à cheval sur le département de la Vienne et celui des Deux-Sèvres, comprend aussi

Les chèvres du Poitou

La Poitevine, race locale aux longs poils, fut concurrencée dans les années 1960 par des races comme la Saanen ou l'Alpine chamoisée. On ne compte plus aujourd'hui qu'environ deux mille femelles reproductrices, nombre insuffisant pour assurer la survie de la race. Une association de sauvegarde de la Poitevine a été créée. Pourquoi ce déclin ? Une chèvre donne en moyenne 700 kg de lait par lactation. La Saanen est la championne avec plus de 710 kg tandis qu'une Poitevine ne donne que 480 kg.

Type
Pâte molle
Lait entier, cru (63 %) ou non

Fermiers
6 %

Affinage
10 jours minimum

Forme
Cône tronqué

Diamètre
6,5 cm à la base

Hauteur
6,5 cm

Poids
150 g

Aire
Poitou-Charentes (une partie de la Vienne et des Deux-Sèvres avec extensions en Charente)

Production
470 t

Le chabichou du Poitou et le vin

Un haut-poitou blanc floral et fruité...

Jeune, le chabichou du Poitou est enveloppé d'une croûte blanche à crème qui peut laisser apparaître des fleurs blanches ou bleues. Une odeur de beurre s'en dégage, à laquelle s'ajoutent à la coupe des odeurs plus végétales rappelant le foin. Pas de doute, il faut un blanc. Il existe dans le secteur du fromage un vignoble peu connu, le VDQS haut-poitou. Bien implanté, le sauvignon donne un vin floral et fruité qui répond bien aux sollicitations du chabichou du Poitou. La pâte du fromage est d'abord ferme, presque sèche, puis devient fondante en fin de bouche. Le haut-poitou finit d'assouplir le palais de manière très agréable, sans aucune agressivité. Également vinifié dans l'aire du haut-poitou, le chardonnay peut convenir sur un chabichou jeune mais se révèle moins convaincant dès que celui-ci prend de l'âge. L'accord est souvent moins équilibré dans les saveurs et les arômes, au détriment du vin.

Vins d'accompagnement

VINS BLANCS SECS de Loire, de Bourgogne ou du Sud-Ouest comprenant de préférence du sauvignon : haut-poitou, saint-pourçain, touraine, pouilly fumé, sancerre, coteaux-du-giennois, quincy, reuilly, menetou-salon...

VINS ROUGES LÉGERS : saint-pourçain, touraine, anjou, beaujolais...

... ou un saint-pourçain rouge ou blanc

Avec l'âge, le chabichou du Poitou développe un caractère caprin plus marqué. La pâte se fait plus sèche, presque cassante, mais devient moelleuse au palais. Une expérience intéressante peut être alors menée avec un saint-pourçain. Ce petit vignoble du Centre, classé en VDQS, produit des vins rouges, rosés et blancs. En blanc, le chardonnay et le sauvignon sont souvent accompagnés par assemblage de tressallier et d'aligoté. Ces vins vifs et frais rencontrent harmonieusement le chabichou du Poitou, dans une délicate alliance aromatique. Le rouge n'est pas en reste. L'assemblage du gamay et du pinot noir donne des vins charnus qui se trouvent un peu en position de repli en première bouche, affichant même une certaine dureté, puis se développent en offrant un caractère presque gouleyant en face d'un chabichou du Poitou plutôt jeune. Un côté épicé vient enfin se confronter aux arômes capriques et aux nuances de fruits secs du fromage par rétro-olfaction. Un plaisir simple.

quelques communes en Charente. Si la chèvre Poitevine est menacée de disparition, le chabichou du Poitou, lui, se porte bien. On compte quatorze transformateurs, dont deux coopératives, six industriels et six fermiers. Pas moins de sept cent-cinquante apporteurs de lait sont impliqués dans sa production. Le chabichou du Poitou a augmenté six fois son volume depuis l'accession en AOC et exporte même un peu. L'essentiel de la production est assurée par l'industrie.

La fabrication et les saisons de dégustation

Le chabichou se fabrique uniquement à partir de lait entier, cru ou non. La coagulation est essentiellement lactique avec un ajout de présure limité. Le caillé est moulé à la louche dans des moules tronconiques, appelés « bondes », aux dimensions strictement définies et dont le fond porte l'inscription « CDP » (pour « chabichou du Poitou »). Quelques opérateurs industriels pratiquent le préégouttage à la toile. Dans cette appellation, il ne peut y avoir de report de lait ou de caillé, ce qui exclut l'utilisation de caillé congelé. Au démoulage, on sale manuellement le fromage avec du sel sec avant de le placer en salle de ressuyage. L'affinage dure au moins dix jours. C'est du printemps à l'automne que le chabichou du Poitou est le meilleur.

Chaource

Le chaource tire son nom d'un bourg proche de Troyes, aux confins de la Bourgogne auxerroise. Il naît sur les terres de la Champagne humide, propices aux herbages, qui donnent des fromages renommés depuis le Moyen Age. Ses arômes de champignon, frais et fruités, appellent le chablis, le tokay-pinot gris ou l'irancy, selon ses humeurs.

AOC 1970

Type
Pâte molle à croûte fleurie
Lait cru minoritaire (37 %)

Fermiers
Minoritaires

Affinage
14 jours minimum

Forme
Cylindre

Diamètre
8 ou 11 cm

Hauteur
8 ou 10 cm

Poids
200 ou 400 g

Aire
Champagne (autour de Troyes dans l'Aube) avec extensions dans l'Yonne

Production
1 800 t

Une ancienne renommée

Le chaource est mentionné dès le début du XIVe siècle ; fabriqué dans le Bassin parisien, il était connu des Capétiens : Marguerite de Bourgogne, épouse de Louis X le Hutin, l'exigeait à sa table et Charles le Bel, de passage à Chaource, se le fit présenter. Au XIXe siècle, les fermières de la région fabriquaient avec du lait gras un fromage déjà appelé « fromage de Chaource » qui faisait alors l'objet d'un important commerce.

Salage du chaource au sel sec avant affinage.

On le trouvait à Douai, Paris, Dijon, Lyon, Lons-le-Saunier, Annecy, Reims, Metz, Clermont-Ferrand et jusqu'à Toulouse. Fort de son terroir, il a été reconnu en AOC en 1970. Aujourd'hui, cinq transformateurs le fabriquent, dont un producteur fermier. Un peu moins de cent apporteurs de lait approvisionnent les différents fabricants.
Depuis plus d'une décennie, la production annuelle de chaource augmente régulièrement. Elle est passée de 1 087 tonnes en 1984 à 1 800 tonnes en 2000. Les régions d'Alsace, de Bourgogne, de Lorraine et de Champagne-Ardenne représentent plus d'un tiers des ventes nationales.

Un pays de sources

L'Aube et l'Yonne sont depuis longtemps des terres d'herbages, comme en témoigne une charte de 1165 : le droit de vaine pâture figurait parmi les franchises octroyées par le comte de Champagne Henri Ier le Libéral aux habitants de Chaource. Durant la belle saison, les bêtes paissent dans les prairies. L'hiver, elles sont nourries à l'étable des foins et fourrages récoltés sur les coteaux.
L'aire de production, restreinte, est à cheval sur les départements de l'Aube (arrondissement de Troyes) et de l'Yonne (arrondissements d'Avallon et de Sens). Ses limites sont, au nord, la forêt d'Aumont et la Seine ; au sud, la forêt de Maulnes ; à l'ouest, le plateau calcaire du pays d'Othe ; à l'est, le cours de la Sarce. Une région au sous-sol imperméable, sillonnée de nombreux ruisseaux et parsemée de sources vives.
Aucune race n'est imposée, mais la Prim'Holstein domine. Elle a remplacé la Brune des Alpes, originaire de Suisse, la Frisonne et la Tachetée de l'Est (Pie rouge de l'Est ou Simmental française) qui prévalaient il y a quelques décennies.

La fabrication

Le chaource est un fromage à pâte molle, à égouttage spontané et lent. Le lait utilisé provient uniquement de la zone d'appellation. Il en faut entre 2 et 4 litres pour obtenir un fromage, selon sa taille. Le lait fait l'objet d'une maturation chaude (29-30 °C) pendant douze heures. Il est ensuite caillé à l'aide de présure.
La coagulation, qui dure au moins douze heures, s'effectue à une température de 30 °C environ.
Vient ensuite le moulage, réalisé dans des moules appelés autrefois chasserans, ronds et sans fond, dont la forme facilite l'égouttage
Le lendemain, les fromages sont démoulés, salés au sel sec ou dans un bain de saumure, puis mis à sécher sur des claies en Inox.
Autrefois, le chaource reposait sur de la paille de seigle. L'affinage, dans des hâloirs, doit obligatoirement se réaliser dans l'aire géographique délimitée. Sa durée est au minimum de quatorze jours.
L'humidité présente est importante (90-95 %) et la température d'environ 10 °C. Les fromages sont conditionnés sous emballage en papier.
Le chaource est fabriqué en deux formats, tous les deux cylindriques. Sa croûte est fleurie de fines moisissures blanches (appelées *Penicillium candidum*). Sa pâte, légèrement salée, contient au moins 50 % de matière grasse.
À l'œil, le chaource possède une croûte riche et régulière, à légère pigmentation rougeâtre. Sa pâte, d'un blanc homogène, apparaît fine et lisse. Au toucher, elle est onctueuse, souple, sans mollesse. Au nez, le fromage dégage une légère odeur de champignon et de crème. En bouche, il délivre une saveur douce et fruitée de noisette, relevée par une pointe d'acidité.

Le service et les saisons de consommation

Le chaource peut se consommer à deux stades différents de son affinage : mi-affiné, quand sa pâte devient crémeuse et que sa croûte commence à prendre de l'importance ; affiné, quand sa pâte atteint sa pleine maturité et développe des saveurs typées et que sa croûte est recouverte d'un fin duvet. Les meilleures saisons de consommation sont l'été et l'automne. Une forte période de consommation a lieu pendant les deux derniers mois de l'année, avec une augmentation de 25 %. Lors de son service, ce fromage se coupe en quartiers, du centre vers l'extérieur.

Le chaource et le vin

Sur un chaource jeune : chablis ou tokay-pinot gris

Fromage de l'Est, le chaource s'accommode bien des vins septentrionaux. Côté blanc, on ira vers la Bourgogne avec un chablis ou vers l'Alsace avec un tokay-pinot gris. Côté rouge, on choisira aussi un vin bourguignon, l'irancy. Les vins blancs seront plutôt servis avec un vin jeune et l'irancy avec un fromage plus affiné.

Chablis et chaource sont des voisins qui s'entendent bien. Le second se présente dans une robe au duvet blanc neigeux. Sa pâte est souple, onctueuse, et développe des arômes de champignon frais. En bouche, il possède un petit fond d'acidité stimulant mais laisse surtout une impression de fruité. Le chablis est un modèle de légèreté auquel le fromage adhère. Mieux vaut choisir un chablis d'appellation régionale qu'un premier cru ou grand cru. De même, on préférera les vins élevés en cuve à ceux vieillis en fût : la fraîcheur est l'élément primordial avec le chaource. Même si le fromage est d'un fruité agréable, le vin a d'abord un peu de mal à s'imposer. Ce n'est qu'en deuxième partie de dégustation que l'équilibre se fait pour déboucher en finale sur une association aromatique de fruits secs qui explose au palais, noisette en tête.

Autre région, autres sensations, en compagnie du tokay-pinot gris. L'accord repose ici davantage sur la confrontation aromatique que sur la fraîcheur, le vin offrant une bouche souvent plus douce.

On préférera néanmoins des vins plutôt secs à ceux qui présentent trop de sucres résiduels. La noisette du chaource va rencontrer les notes fumées mais aussi épicées du tokay, accompagnées de touches de miel, de menthol ou encore de violette : un exercice plus périlleux qu'avec le chablis mais parfois très enrichissant.

Sur un chaource affiné : irancy

L'irancy est une appellation située à quelques kilomètres au sud d'Auxerre. Ses qualités se sont traduites par une promotion dans la hiérarchie compliquée du vignoble bourguignon puisque le vin bénéficie aujourd'hui d'une AOC communale. Face à un chaource affiné, à la croûte un peu marbrée et plus rouge, on voit un vin de pinot noir bien coloré qui ose un nez de « fauve » de façon presque ostentatoire. Il y a fort heureusement toujours du fruit, notamment du cassis, pour donner une touche franchement aimable à ce vin.

L'irancy peut comporter un peu de césar, cépage capricieux mais qui a le mérite d'être original – comme cet accord vin-fromage qui unit des productions peu connues du patrimoine français, mais très typées.

Vins d'accompagnement

VINS BLANCS SECS sur un fromage jeune : chablis (de préférence élevé en cuve), coteaux champenois ; tokay-pinot gris. BOURGOGNES ROUGES charpentés sur un fromage affiné : irancy, nuits-saint-georges, pommard, maranges...

Charolais

Le pays de Charolles, au sud de la Bourgogne, est fait de vertes collines coiffées de forêts de feuillus. Région d'embouche, il a donné son nom à une célèbre race bovine, mais la « vache du pauvre » s'est frayé une place dans son économie et côtoie les troupeaux de bœufs blancs. Elle donne un fromage à marier aux parfums charmeurs du rully blanc ou à la finesse du fleurie.

Type
Fromage de chèvre
Lait cru

Fermiers
Majoritaires

Affinage
10 jours

Forme
Double bonce

Diamètre
6 à 7 cm

Hauteur
3 à 4 cm

Poids
50 g

Aire
Une trentaine de communes autour de Charolles (Saône-et-Loire)

Production
500 t

Un élevage surtout fermier

Le charolais est produit dans un rayon d'une trentaine de kilomètres autour de Charolles, au sud de la Bourgogne. Marqué par des influences atlantiques, le climat de la région favorise la pousse de l'herbe. C'est un pays de bocage, qui annonce déjà l'Auvergne. La découverte de faisselles datant de 4 000 ans avant J.-C. dans le proche Morvan, au mont Beuvray, et dans certains sites de Saône-et-Loire, témoigne d'un savoir-faire fromager ancien.

En Charolais, l'élevage des chèvres venait en complément de celui des bœufs. Fabriqués par les femmes, les fromages étaient destinés à la consommation familiale. À l'origine, la production de lait de chèvre étant saisonnière, ils provenaient souvent de lait de mélange (chèvre-vache). Ils se forgèrent une renommée après la Seconde Guerre mondiale, lorsque les structures de commercialisation permirent aux Lyonnais de les découvrir. Depuis les années 1960, ce sont des pur chèvre. Les troupeaux sont de race Alpine et parfois Saanen.

Aujourd'hui encore, l'élevage caprin de Saône-et-Loire est peu spécialisé. Il est généralement pratiqué dans des exploitations mixtes, dont l'effectif moyen est de dix chèvres. La production est surtout fermière. Le charolais devrait bientôt accéder à l'AOC.

La fabrication

Le charolais est un fromage en forme de tonnelet, dont la fabrication nécessite plus de 2 litres de lait. Le lait cru de chèvre est coagulé par caillage lactique. La présure provient de caillette de chevreau. L'emprésurage est réalisé à une température comprise entre 18 et 25 °C, douze heures au maximum après la traite.
Moulé à la louche dans des faisselles présentant des rehausses, le fromage reste en moule au moins deux jours et doit être salé au sel sec sur les fonds et le tour. Ensuite, il est retourné tous les deux jours. Un affinage de dix jours maximum l'habille d'une couverture crème et bleutée.

Le service

Le charolais sera découpé en fins quartiers pour mieux apprécier la finesse de sa pâte ivoire et de sa croûte crème. On s'amusera à déguster pâte et peau séparément afin de distinguer les arômes lactés et fruités de la pâte de ceux de champignon et d'humus apportés par la flore de surface.
On peut aujourd'hui acheter des charolais toute l'année, mais les plus équilibrés et les plus savoureux sont ceux fabriqués après le retour des chèvres à la pâture, au printemps.

Le charolais et le vin

En blanc, la rondeur distinguée d'un rully

Le Charolais, pays d'herbages et de forêts, est bordé à l'est par la Bourgogne viticole et, plus au sud, par le Beaujolais. Cette proximité de vignobles incite à proposer des accords gourmands de voisinage. Blancs ou rouges ? Les deux vins conviennent à ce fromage d'abord facile. Dans la côte chalonnaise, en Bourgogne, l'AOC rully produit surtout des vins blancs qui s'entendront parfaitement avec le charolais. Né au voisinage du célèbre mercurey, son vin gagne à être connu. Il offre au charolais sa robe d'or et ses parfums charmeurs faits de miel, de notes minérales et d'une touche florale. Le fromage, lui, offre, dans sa jeunesse, une robe blanche à jaune et une pâte blanche qui laisse une tranche lisse au couteau. En bouche, il est très équilibré. Juste une petite pointe de sel pour rappeler que c'est un indispensable ingrédient du produit. La pâte est douce, assez compacte et la saveur caprine assez discrète, élégamment enlevée par la bouche ronde et distinguée du rully.

En rouge, la présence fruitée d'un fleurie

À partir de trois semaines, le fromage devient plus sombre d'aspect, se couvrant de moisissures bleutées. L'impression aromatique est plus dense, avec des notes de champignon. Si le rully peut toujours convenir, on pourra aussi se tourner vers un vin du Beaujolais, pour être dans un ton plus fruité.

On choisira un des dix crus du vignoble ; le fleurie sera l'élu. Le pays de Fleurie mène à celui du Charolais : il suffit de prendre la route qui monte en direction de Monsols et du col du Fût d'Avenas. Issu d'un terroir granitique, ce vin de gamay, de couleur rubis, est aimable et gracieux, et pourtant très présent. La violette, la pivoine, le kirsch et même l'iris s'échappent du verre. La bouche est structurée mais pleine de charme également. Vin et fromage s'accordent sur la rondeur et la finesse aromatique, mais dans une bouche ne manquant pas de caractère.

Vins d'accompagnement

VINS BLANCS SECS de Bourgogne issus de chardonnay : rully, montagny, mâcon-villages, saint-véran, bourgogne blanc, chablis, petit chablis... ; vins blancs issus de sauvignon : sauvignon-de-saint-bris, pouilly fumé, sancerre et autres vins de Loire, bordeaux sec.
VINS ROUGES FRUITÉS sur un fromage affiné : fleurie et autres crus du Beaujolais, beaujolais-villages, touraine, anjou, saumur-champigny...

Chevrotin

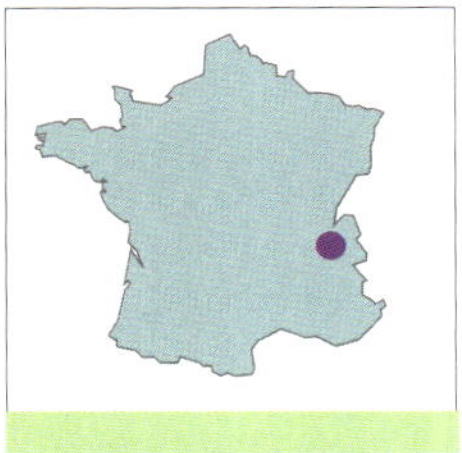

AOC 2002

L'un des rares fromages de chèvre à pâte pressée. Il est fabriqué dans les massifs alpins des Aravis, du Mont-Blanc, du Chablais et des Bauges. Les vins de Savoie s'entendent avec lui, pourvu qu'ils soient suffisamment structurés ; on privilégiera ceux issus de la roussanne en blanc, ou de la mondeuse en rouge.

Type
Pâte pressée non cuite à croûte lavée
Lait cru et entier
Fermier
100 %
Affinage
21 jours minimum
Forme
Cylindre plat
Diamètre
9 à 12 cm
Hauteur
3 à 4,5 cm
Poids
250 à 350 g
Aire
Haute-Savoie et Savoie
Production
100 t

Des chèvres dans les alpages

Si l'on associe l'image des Alpes à celle de la vache, l'élevage caprin dans le massif des Aravis et dans les montagnes limitrophes est très ancien. On trouve mention du chevrotin dès le XVIIe siècle, mais le succès du reblochon lui a fait de l'ombre. Relancée à partir des années 1970, cette production vient d'obtenir une AOC. Uniquement fermière, elle est assurée par quatre-vingt-dix exploitations. D'abord connu sous le nom de « chevrotin des Aravis » – un massif situé entre la vallée de l'Arve et la cluse d'Annecy –, ce fromage est aussi fabriqué dans le Chablais (au sud du lac Léman), dans le massif du Mont-Blanc et dans les Bauges (département de la Savoie). Ces massifs présentent une structure paysagère à trois niveaux : un fond de vallée aux vertes prairies, des pentes boisées et des alpages, à partir de 1 200 mètres. Les aliments fermentés étant interdits, ces derniers fournissent l'herbe pâturée et le foin qui constituent la base de l'alimentation des troupeaux. Blanches parfois, mais le plus souvent de race Alpine chamoisée, les chèvres paissent sur l'exploitation pendant au moins cinq mois, puis montent généralement en alpage. Le niveau moyen de production est plafonné (800 kilogrammes de lait par an et par chèvre).

En Haute-Savoie et Savoie, on produit un fromage de chèvre proche du reblochon.

La fabrication : comme le reblochon

« Petit frère du reblochon », le chevrotin est fabriqué selon les mêmes principes. C'est un fromage à pâte pressée non cuite et à croûte lavée, une rareté dans le domaine des productions caprines. Le lait ? Cru et entier. Le caillé congelé est prohibé. La coagulation s'effectue à une température comprise entre 30 et 38 °C, et dure de trente à quarante minutes. Le décaillage, le brassage et le soutirage, à l'aide d'un seau, d'une faisselle ou à la toile, sont manuels, tout comme la répartition du caillé dans des moules. Après un premier retournement, les moules sont pressés individuellement avec un poids pendant six à douze heures. Les fromages sont salés en saumure ou au sel sec.

L'affinage s'effectue en deux étapes. Pendant le séchage (cinq à neuf jours à une température comprise entre 15 et 20 °C), le chevrotin est retourné tous les jours, avant d'être lavé, à l'eau salée, à l'eau claire ou au sérum. Puis vient l'affinage proprement dit, sur des planches d'épicéa, à une température plus fraîche. Les fromages sont alors retournés au moins trois fois par semaine. La durée totale de ces deux étapes ne doit pas être inférieure à vingt et un jours. Comme le reblochon, le chevrotin est placé sur un faux fond en épicéa, et peut être utilisé pour la tartiflette aux pommes de terre. C'est au moment de la saison d'alpage qu'il est le meilleur.

Le chevrotin et le vin

En vin-de-savoie, des blancs consistants issus de roussanne

C'est sur place, en Savoie, que l'on aura le plus de chance de déguster le chevrotin, un fromage à la production confidentielle. On s'orientera naturellement vers les vins de la région. Aux vins légers, issus de gamay pour les rouges ou de jacquère pour les blancs, on préférera des vins plus consistants. En blanc, la roussanne donne le célèbre chignin bergeron. Son côté charpenté mais gras confortera l'impression moelleuse développée par le chevrotin. Ses arômes de fruits confits et de fruits secs s'accorderont également à toutes les senteurs du fromage, puisées dans les bonnes herbes d'altitude.

Vins d'accompagnement

VINS BLANCS SECS, gras et structurés à base de roussanne : vin-de-savoie chignin bergeron, saint-joseph.

VINS ROUGES charpentés aux tanins fondus : vin-de-savoie mondeuse, côte-rôtie, bandol.

… ou des rouges solides comme la mondeuse

En rouge, le choix se portera sur les vins solides issus de mondeuse. Très typés, ceux-ci sont surtout produits dans la combe de Savoie, notamment à Cruet et à Saint-Jean-de-la-Porte. Leur robe, d'un rouge profond, forme un bel ensemble coloré avec le chevrotin, que ses lavages ont paré d'une croûte orangée ou rosée recouverte de moisissures blanches (geotrichum). Le fromage, plutôt souple, et sa texture, qui devient crémeuse à l'affinage, ne font pas obstacle à l'expression d'un vin particulièrement solide ; sa pâte, relativement peu salée, lui permet de ne pas se heurter à la structure tannique de la mondeuse. Encore faut-il déboucher un vin vieilli, aux tanins fondus. Sa trame soyeuse épousera alors avec grâce la pâte du fromage et l'on goûtera un développement aromatique exceptionnel sur une base fruitée (framboise, cassis, cerise) et fortement épicée. Un rendez-vous de caractère.

Comté

Type
Pâte pressée cuite
Lait cru et entier
Fermiers
0 %
Affinage
4 mois minimum
Forme
Meule
Diamètre
50 à 70 cm
Hauteur
8 à 13 cm
Poids
30 à 55 kg
Aire
Massif jurassien (Jura et Doubs avec quelques extensions vers le sud)
Production
44 000 t

AOC 1952

La grande famille des gruyères
La fabrication d'une meule demande beaucoup de lait (environ 500 litres) et donc beaucoup de bois pour le chauffer. Autrefois, les fermiers traitaient avec les officiers gruyers qui géraient les forêts, ou selon le terme de l'époque, les « grueries ». Par extension, on appela « gruyère » tous les fromages de grand format et à pâte cuite.

Par les volumes produits, le comté s'inscrit au premier rang des fromages d'appellation en France. Avec les vaches Montbéliardes en robe blanche et rousse et les « fruitières », coopératives qui l'élaborent, il fait partie du paysage jurassien. Il prendra toute sa dimension avec un vin jaune du Jura, mais on trouvera dans le pomerol une alliance plus feutrée qui n'est pas à négliger.

Les fruitières : un artisanat à grande échelle

L'origine de ce fromage serait plus que millénaire. Dès le Moyen Âge, les fermiers s'organisaient pour mêler leur lait de manière à le faire « fructifier ». À cette époque, la fabrication de grands fromages de garde était le seul moyen de conserver le lait pendant les longs hivers qui caractérisent le massif jurassien.
Dans les montagnes jurassiennes, les ancêtres des coopératives datent du XIIIe siècle (c'est à cette période que l'on voit apparaître dans les écrits le mot « fructerie », d'où dérive le terme « fruitière »). En plaine, celles-ci n'apparaissent que vers 1850. Peu à peu, elles s'organisent et, à la fin du XIXe siècle, les syndicats des fruitières voient le jour. Le comté fait vivre sur le massif jurassien 3 400 producteurs de lait, 200 ateliers de fabrication (les fruitières), 20 maisons d'affinage et de commercialisation. Il n'existe pas en France de filière fromagère de cette importance qui soit si profondément artisanale.

Le terroir : la prairie jurassienne

Aujourd'hui, l'aire géographique de production du comté s'étend sur les départements du Doubs, du Jura et dans le nord de l'Ain, épousant le massif jurassien. Son relief, ses sols calcaires et son climat rigoureux font naître un paysage de prairie naturelle à laquelle sont associées les pratiques agricoles et l'image du comté. Riche et originale, la flore des pâturages contribue au caractère unique du fromage et en fait un produit de terroir par excellence.
Le comté est fabriqué avec du lait provenant presque exclusivement des vaches de race Montbéliarde. Les bêtes sont nourries l'hiver à l'étable, de foin séché. Elles ne

touchent jamais aux produits fermentés de l'ensilage, du reste interdits. L'été, elles pâturent dans les prairies. Elles sont traites deux fois par jour. Aujourd'hui encore, on peut voir dans quelques fruitières la « coulée » : tous les matins et tous les soirs, le producteur apporte le lait frais de sa traite. Les fruitières éparpillées sur le massif jurassien maintiennent un dynamisme économique important dans les campagnes. Les acteurs de la filière comté ont choisi de préserver ces structures artisanales en limitant le bassin de collecte des laits autour de la fromagerie.

La fabrication

Le lait cru est transformé en caillé dans les vingt-quatre heures. Chaque jour de la semaine, le fromager répète des gestes immuables depuis des siècles. Très tôt le matin, il déverse le lait dans des cuves en cuivre, les « chaudières ». Le lait est chauffé à une température de 32 °C, puis le fromager ajoute la présure qui transforme le lait en caillé en trente minutes. Ce caillé est ensuite découpé avec un tranche-caillé jusqu'à ce que ses éléments atteignent la taille d'un grain de riz. Le mélange caillé-sérum est brassé et chauffé progressivement jusqu'à 54 °C pendant environ quarante minutes. Le fromager procède ensuite au soutirage du caillé de la cuve au moule de pressage. Le fromage est alors pressé pendant plus de six heures, puis démoulé, salé, frotté et retourné régulièrement. Aucun colorant ni additif chimique n'est ajouté pendant la fabrication. Lors de l'affinage, qui dure quatre mois minimum et douze mois en moyenne, le comté révèle ses arômes et saveurs caractéristiques, reflets de la flore naturelle du terroir.

Fromage de garde volumineux, le comté est fabriqué dans des ateliers coopératifs ou fruitières.

Ci-dessus, travail du caillé dans une cuve de cuivre.

Le service et les saisons de dégustation

Après cette longue maturation, le comté se présente sous forme d'une volumineuse meule cylindrique au talon droit ou légèrement convexe, à croûte frottée, solide et grenée, de couleur jaune doré à brun. La pâte, de teinte jaune à ivoire, montre généralement quelques ouvertures de la taille d'une petite cerise.

Tout au long de l'année, on peut acheter des comtés de saisons différentes en fonction de la durée d'affinage. Un comté fabriqué l'été, lorsque les vaches pâturent les prairies, aura une pâte plus jaune, un goût persistant avec des arômes plus diversifiés et fruités. Un comté fabriqué l'hiver aura une pâte plus claire (ivoire) avec des accents plus lactiques et des nuances de noisette fraîche, des notes végétales et torréfiées plus marquées.

Le comté se garde très facilement bien emballé au froid. Il faut le sortir du réfrigérateur une heure avant de le déguster. Sa température idéale de consommation se situe entre 16 et 18 °C. La tranche sera présentée avec sa croûte typique et son talon. En apéritif, le comté sera servi coupé en cubes ou en lamelles. Grâce à sa capacité à fondre et à dorer, il entre dans beaucoup de préparations gratinées et de plats cuisinés – gougères, allumettes et friands, galettes aux pommes de terre – où il donne plus de goût que certains autres gros fromages. Il se marie bien aussi avec le poisson. Enfin, on ne se lassera pas du plat unique des longs mois de l'hiver jurassien : l'inimitable fondue comtoise sur un côtes-du-jura blanc.

Le comté et le vin

Avec le vin jaune

Devant le premier fromage d'AOC de France, on se doit d'ouvrir une des plus nobles bouteilles du vignoble national : le vin jaune du Jura, qui se décline sous les appellations arbois, côtes-du-jura, l'étoile ou château-chalon. Les meilleurs vins sont issus des marnes du lias où le cépage savagnin donne de beaux raisins dorés.

Tout comme le comté, longtemps affiné, le vin jaune prend son temps pour naître : il n'est livré à la gourmandise des amateurs que six ans et trois mois après les vendanges. Les deux produits méritent de prolonger leur vieillissement ou leur affinage au-delà du minimum légal : ils n'en auront que plus de richesse.

On ne mettra pas le vin au réfrigérateur : cela le tuerait. Si le vin jaune entre dans la catégorie des vins blancs, il doit être dégusté comme un rouge, et servi chambré. Quelques heures avant la dégustation, on ouvrira délicatement la bouteille caractéristique, le clavelin, et l'on sortira le fromage du réfrigérateur.

Le comté distille d'agréables notes de noisette, accompagnées parfois d'arômes plutôt lactiques, torréfiés ou épicés. Le vin jaune, lui, dégage une intense palette de fruits secs : la noix surtout, l'amande grillée souvent, la noisette parfois. En bouche, la pâte du comté, plus ou moins ferme selon la durée d'affinage, n'est pas agressive. Toujours un peu acide, le vin jaune vient la relever avec bonheur. À ses saveurs de fruits secs s'ajoutent généralement des notes d'épices, voire de cacao qui complètent admirablement la palette fruitée et végétale du comté. Non seulement chaque partenaire de l'alliance tient sa place, mais il s'opère un échange fructueux entre les produits.

Avec un vin blanc du Jura

Ceux qui ne sont pas initiés au goût très particulier du vin jaune pourront goûter le comté avec des vins blancs du Jura, arbois ou côtes-du-jura, dits « typés ». Composés de chardonnay et de savagnin, ces vins offrent le même registre aromatique, mais avec moins de puissance et de concentration.

Avec des vins rouges

Si nombre de vins rouges sont en harmonie avec le comté, on recommande particulièrement le pomerol : sa rondeur et sa souplesse sauront donner la réplique au comté.

Vins d'accompagnement

VINS BLANCS DU JURA : vins jaunes (AOC château-chalon, arbois, côtes-du-jura, l'étoile) ou vin blancs comprenant du cépage savagnin.

VINS ROUGES du Bordelais, notamment pomerol, saint-émilion grand cru, côtes-de-castillon.

Crottin de Chavignol

Baigné par la Loire, presque au centre de la France, le Sancerrois est une des rares contrées à offrir au gourmet deux produits d'appellation renommés : le crottin de Chavignol et le vin de Sancerre... Ou quand un petit fromage de chèvre trouve son partenaire à l'autre bout du village.

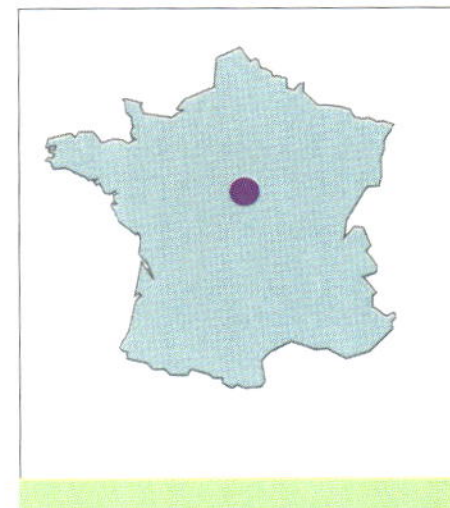

AOC 1976

Un élevage d'appoint

L'origine du nom de ce petit fromage de chèvre est imprécise. Rien à voir avec les résidus laissés par la gent chevaline. Le mot « crottin » dériverait d'un terme du patois berrichon, le « crot », qui désignait des lampes à huiles et des moules à fromage en argile. Au fil du temps, le contenu aurait pris le nom du contenant.

Au siècle dernier, le pays sancerrois était une région pauvre, de petite propriété (10 hectares en moyenne), vouée à la polyculture (vignes, céréales, élevage).

L'élevage des chèvres était l'affaire des femmes. Bien que le troupeau ne comptât guère que cinq ou six têtes, le bénéfice de la vente des fromages constituait un appoint appréciable au budget familial. La production, saisonnière (de mars à novembre), était liée à la disponibilité de nourriture. À cette époque, les chèvres étaient emmenées paître dans les zones boisées et le long des chemins. La race locale utilisée alors, une grande chèvre au dos noir, au ventre blanc, à poils longs et aux longues cornes, est maintenant remplacée par la race alpine.

Aujourd'hui, le Sancerrois se place parmi les plus importants producteurs de fromages de chèvre AOC avec quelque vingt millions d'unités fabriquées chaque année.

Contrairement à certaines grandes régions productrices, il a su conserver les méthodes artisanales de fabrication à la ferme.

La zone de production

La zone de production ne se limite pas au petit village situé au pied du piton de Sancerre, qui a donné son nom au fromage. Elle s'étend dans tout le Sancerrois, débordant sur le Pays Fort et le Berry. À cheval sur les départements de la Nièvre, du Loiret et du Cher, elle couvre environ cent cinquante communes.

L'élevage n'est plus une activité d'appoint : l'exploitation moyenne, à vocation laitière, a aujourd'hui 50 hectares et le troupeau de chèvres moyen est de quarante chèvres.

La fabrication

Le caillé est égoutté de douze à vingt-quatre heures, jadis dans une jambière de pantalon, maintenant sur toile. Le fromage est obtenu par coagulation lactique du lait de chèvre cru avec une faible quantité de présure. Les producteurs fermiers, afin de conserver la typicité de leur produit, ajoutent souvent du petit-lait permettant de conserver les bactéries lactiques du cru, vecteurs de goût. La prise s'effectue en trente à soixante minutes ; le caillé durcit ensuite pendant vingt-quatre à quarante-huit heures. Il est moulé dans des moules tronconiques percés de

Type
Fromage de chèvre
Lait cru et entier

Fermiers
38 %

Affinage
10 jours

Forme
Cylindre tronconique

Diamètre
5,5 cm

Hauteur
5 cm

Poids
60 g

Aire
Sancerrois, Pays Fort et Berry (à cheval sur la Nièvre, le Loiret et le Cher)

Production
1 500 t

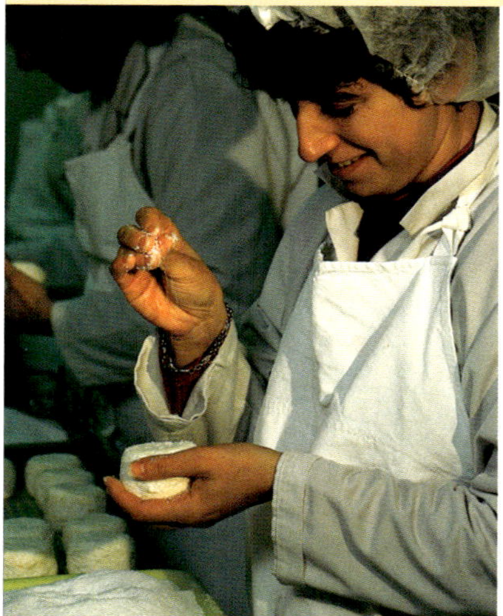

Ci-dessus : le salage, Ci-dessous : Le crottin de Chavignol, petit fromage à fleur bleue ou blanche selon le stade d'affinage.

petits trous, les faisselles. Après vingt-quatre heures, il est salé puis retourne en moule. Il y passe encore vingt-quatre heures avant d'être salé sur sa dernière face, lors du démoulage. La petite taille du fromage facilite l'évaporation de l'eau et sa conservation.
Le crottin de Chavignol doit être affiné pendant dix jours dans des hâloirs où l'hygrométrie et la température sont maîtrisées. Le fromage est alors séché, avec de fréquents retournements. Sa croûte prend une couleur ivoire due à un champignon (geotrichum). Au fur et à mesure de l'affinage, d'autres champignons apparaissent (*Penicillium glaucum*) et la couleur du fromage passe de l'ivoire au bleu.

Le service et les saisons de dégustation

Le crottin de Chavignol se présente comme un cylindre bombé en son centre, aux angles arrondis. Sa croûte à fleurs blanches bleuit au bout de trois semaines. À dix jours, le fromage est frais et tendre et montre une pâte ferme et homogène. Celle-ci peut devenir cassante avec le temps. Les parfums varient avec les stades d'affinage.
Si la production de lait de chèvre est saisonnière, la vente s'effectue toute l'année, car les producteurs congèlent aujourd'hui le caillé en période de pleine production (mai-juin) et le transforment de novembre à mars. Il va sans dire que les meilleurs fromages sont produits du printemps à la fin de l'été.

C'est dans les vieux pots... qu'on fait le « r'passé »
Traditionnellement, les producteurs conservaient les fromages de chèvre pour les longs mois d'hiver. Pour ce faire, ils les mettaient dans des pots de grès et les retournaient quotidiennement. Ainsi conservés pendant un à deux mois, les fromages deviennent crémeux à cœur. Les anciens disaient : « dans l'pot, ca t'f'ra du bon r'passé ». Certains affineurs ou producteurs en produisent encore. Même si leur aspect légèrement grisonnant semble bizarre, leur goût est un régal.

Le crottin de Chavignol et le vin

Crottin jeune et sancerre blanc

Difficile de ne pas adhérer à l'accord tout naturel que constitue le sancerre : voici une alliance on ne peut plus régionale et des plus harmonieuses. Avec un fromage jeune, à la croûte duveteuse et à la pâte encore un peu souple, le sancerre blanc est un régal. Dans les sols calcaires ou siliceux du Sancerrois, le sauvignon mûrit lentement mais sûrement. Avant de le mettre en bouche, on appréciera ces tons si bien assortis, cette robe d'or aux reflets verts du sancerre qui met en valeur la pâte blanche à crème et la croûte ivoire du crottin de Chavignol. Si le fromage est présenté sur un paillon de seigle, comme c'est souvent le cas, cette nuance de jaune supplémentaire viendra encore parfaire l'indispensable dimension esthétique de la dégustation. En bouche, il faut un petit moment pour que s'expriment le fromage et le vin. Le premier s'ouvre sur des notes typiques de fromage de chèvre, accompagnées d'une touche de champignon, mais aussi sur des nuances presque minérales ; le second développe des arômes floraux et fruités, dans un registre habituel de fleurs blanches et d'agrumes, rehaussés parfois de menthol. Pour éviter des arômes de torréfaction trop marqués qui mettraient à mal la complexité de l'alliance, on évitera les vins élevés trop longtemps en fûts neufs ou récents. La fraîcheur du vin vient tempérer l'impression souvent un peu séchante du fromage et sa puissance en bouche empêche les saveurs caprines du chavignol de prendre le dessus. Une dégustation au relief soutenu.

Bâti sur une butte, sur la rive droite de la Loire, le village de Sancerre.

Crottin mature et sancerre rouge

Quand le chavignol se pare d'une robe bleutée, que la pâte devient plus sèche et le goût plus sauvage, il faut mettre de côté l'exubérance florale que le sauvignon imprime au sancerre blanc pour choisir un vin plus à même de résister à un fromage mature. Point n'est besoin de changer de région, car l'appellation sancerre se décline aussi en rouge. Beaucoup moins connus que les blancs, et produits en moindre quantité, les sancerre rouges sont issus de pinot noir. Leur structure est plus adaptée à ce type de fromage sans que les tanins ne soient trop austères : il faut caresser la pâte du chavignol sans la contraindre. Les fruits rouges sont présents, avec parfois des évolutions vers un côté plus animal. Griotte, cerise, cassis : une série aromatique vivifiante qui trouve avec quelques années de garde une expression totale.

Vins d'accompagnement

VINS BLANCS SECS sur un fromage jeune : sancerre, pouilly fumé, touraine et autres vins de sauvignon du Val de Loire ; bordeaux sec.

VINS ROUGES pas trop tanniques sur un fromage plus affiné : sancerre, bourgogne rouge, orléanais…

Époisses

AOC 1991

Type
Pâte molle à croûte lavée
Lait entier cru (11 %), thermisé ou pasteurisé

Affinage
28 jours minimum

Forme
Cylindre plat

Diamètre
Petit format : 9,5 à 11,5 cm
Grand format : 16,5 à 19 cm

Hauteur
3 à 4,5 cm

Poids
Petit format : 250 à 350 g
Grand format : 700 g à 1,5 kg

Aire
Côte-d'Or avec extensions en Haute-Marne et dans l'Yonne

Production
610 t

Célébré par le gastronome Brillat-Savarin, ce fromage à croûte lavée de la Côte d'Or a failli disparaître avant de renaître et d'être reconnu en appellation d'origine contrôlée. C'est un produit aux arômes expansifs. Quel vin pourra l'affronter ? Un chassagne-montrachet blanc bien mûr, grâce à sa structure et à son côté fruits secs, ou un tokay-pinot gris vendanges tardives, qui offre une belle opposition de saveurs.

La résurrection du « roi des fromages »

Les cisterciens sont connus pour leur savoir-faire agricole, et l'on attribue à une communauté installée dans le village d'Époisses la paternité de la recette du fromage. Les paysannes des alentours, qui avaient la charge de la transformation du lait, en ont perpétué la fabrication. Si Brillat-Savarin le consacre « roi des fromages » en 1825, l'évolution des structures agricoles, au XXe siècle, a failli condamner la production fermière de cette spécialité bourguignonne. Sa fabrication a repris en 1956 sous l'impulsion des Berthaut. Sa renommée retrouvée, ce fromage a pu accéder à l'AOC en 1991.

Le terroir

La production de l'époisses s'est rapidement étendue à de nombreux villages de l'Auxois. L'aire d'appellation comprend une grande partie de la Côte-d'Or, au nord et à l'ouest du département, et déborde légèrement sur la Haute-Marne et l'Yonne. Elle correspond à des terrains marneux propices aux prairies et à un climat continental assez humide.
Le cheptel a suivi l'évolution de nombreuses régions laitières françaises. S'il est actuellement composé de races traditionnelles (Simmental française, Brune, Montbéliarde), la Prim'Holstein se développe.

La fabrication

L'époisses est un fromage à pâte molle et à croûte lavée, élaboré à partir de lait de vache entier produit sur l'aire d'appellation. Le lait peut être utilisé cru, thermisé ou pasteurisé. L'emprésurage est léger, ce qui entraîne une coagulation lente et donne un caillé fragile à dominante lactique (l'époisses étant le seul fromage d'AOC à caillé lactique et à croûte lavée). Ce caillé est délicatement moulé et égoutté pendant environ vingt-quatre heures. Après démoulage, les fromages sont salés au sel sec et affinés pendant une durée minimale de vingt-huit jours. Au cours de cet affinage, ils sont frottés, lavés avec des solutions salées additionnées de marc de Bourgogne de plus en plus concentrées jusqu'à maturité. Ces opérations sont effectuées de une à trois fois par semaine.

Le service et les saisons de dégustation

L'époisses est un fromage de forme cylindrique plate et régulière. Il se décline en deux formats, le petit vendu à la pièce, le grand à la coupe. Il peut être dégusté à différentes phases d'affinage. L'époisses affiné, coulant, sera consommé dans sa boîte. Fromage de fin de repas, il peut également entrer dans la préparation de recettes savoureuses.

Traditionnellement fabriqué à la ferme de septembre à mai afin d'éviter la saison chaude, l'époisses est désormais produit toute l'année grâce à la maîtrise des températures et de l'hygrométrie dans les caves d'affinage. Il est cependant plus onctueux du début de l'été à la fin de l'année.

L'époisses et le vin

Plutôt du blanc : un chassagne-montrachet âgé

Le mariage avec des vins rouges de Bourgogne apparaît possible, mais il faut se tourner vers des vins à la structure plutôt légère, sur le fruit. Toutefois, l'exubérance de l'époisses peut mettre en péril la délicatesse d'un vin de pinot noir, en donnant un accord un peu métallique. Une des plus belles alliances se fait avec des vins blancs de Bourgogne un peu âgés, tel un chassagne-montrachet d'une dizaine d'années. Il faudra le choisir vinifié et élevé en barrique, pour bénéficier de l'apport des lies et du bois. Il existe déjà une belle harmonie entre l'or cuivré de la robe du chassagne-montrachet et l'ivoire orangé, voire le rouge brique, de la croûte brillante de l'époisses. Une odeur forte, mais pas désagréable, se dégage du fromage. Au nez, le vin tient le choc avec des notes d'évolution évoquant les fruits secs. En bouche, l'époisses se montre très généreux, avec une pâte fondante, crémeuse. Une forte présence s'impose au palais, sur fond légèrement acidulé. Le vin arrive pourtant à s'immiscer dans ce monde aromatiquement puissant et débouche en rétro-olfaction sur un somptueux accord de fruits secs – noisette en tête – et d'humus.

Alliance splendide mais qui nécessite un vin structuré et bien évolué : les arômes floraux délicats d'un jeune chassagne-montrachet seraient anéantis par un fromage qui « a de la poigne » même dans sa prime jeunesse.

… ou un alsace tokay pinot gris vendanges tardives

Plus hardie est la tentative d'accord avec un alsace tokay-pinot gris vendanges tardives. Il est important d'avoir un vin issu de surmaturation : un vin sec ne saurait donner la réplique. L'époisses est tonitruant, le tokay-pinot gris plein de délicatesse. Ses parfums de fumée, de réglisse et de sous-bois sont envoûtants. En bouche, la première impression est forte. Le sucre et le gras du vin viennent « laver » l'acidité du fromage. La fraîcheur s'impose, sur un fond de réglisse, de violette et de fruits secs mêlés. Accord fragile, reposant sur l'opposition des saveurs et l'équilibre aromatique, mais des plus intéressants.

Vins d'accompagnement

VINS BLANCS de Bourgogne vinifiés et élevés en fût et assez âgés : chassagne-montrachet, puligny-montrachet et autres grands crus de montrachet, corton charlemagne, meursault… ; tokay pinot gris vendanges tardives.

Fourme d'Ambert

AOC 1972

Type
Pâte persillée
Lait cru minoritaire (2 %)
Fermiers
Moins de 1 %
Affinage
28 jours
Forme
Cylindre
Diamètre
12,5 à 14 cm
Hauteur
17 à 21 cm
Poids
1,9 à 2,5 kg
Aire
Auvergne (Puy-de-Dome avec extensions dans le Cantal et dans la Loire)
Production
6 400 t

La fourme d'Ambert est auvergnate. Issu de lait de vache, ce bleu en forme de cylindre aime les vins rouges fruités comme le côte roannaise, et aussi, dans une alliance de très haute tenue, les vins doux naturels comme le maury.

Née dans les monts du Forez

Le Massif Central fournit deux bleus appelés fourmes : la fourme d'Ambert et celle de Montbrison. À l'origine, rien ne les distinguait. Toutes deux sont nées dans les monts du Forez, montagnes alignées nord-sud à l'ouest de la plaine du Forez drainée par la Loire. Fabriquées dans de rustiques ateliers appelés ici jas, nombreux en altitude autour de Pierre-sur-Haute, elles étaient désignées soit par le nom de leur lieu d'élaboration, soit par celui de leur lieu de commercialisation : fourmes d'Ambert si elles étaient vendues à Ambert sur le versant ouest (Puy-de-Dôme) ; fourmes de Montbrison si elles étaient écoulées dans ce bourg établi au pied du versant est (Loire). Au début du XXe siècle, un fromager partit s'installer à l'ouest de Clermont-Ferrand et simplifia la fabrication de la fourme. La production s'est ensuite étendue au Cantal. Aussi, lorsque l'AOC fourme d'Ambert ou de Montbrison a été reconnue, son aire a été définie sur l'ensemble des départements du Puy-de-Dôme et de la Loire et sur une partie du Cantal.

Extension et industrialisation

Alors que la fourme de Montbrison continuait à être fabriquée selon les pratiques traditionnelles, la production de la fourme d'Ambert s'est industrialisée. La profession a donc obtenu la séparation des deux produits. Ils seront désormais bien différenciés avec des règlements spécifiques en matière de lait, de technologie de fabrication et une aire de production distincte. Cette dernière sera limitée pour la fourme d'Ambert aux zones de montagne du département du Puy-de-Dôme, à certains cantons de l'est du Cantal et à huit communes de la Loire, dans les monts du Forez. L'alimentation des troupeaux sera revue, le pâturage devenant obligatoire. Aujourd'hui, la production est assurée par douze ateliers dont deux fermiers.

La fabrication

Il faut une vingtaine de litres de lait pour faire une fourme. À l'arrivée à la laiterie, celui-ci est ensemencé en ferments lactiques et en *Penicillium roqueforti* (pour le développement du bleu), puis emprésuré. Le caillé est découpé en morceaux de la taille d'un grain de maïs, brassé puis mis en moule. La qualité de ces opérations détermine en partie le type d'ouvertures dans la pâte et donc l'implantation du « bleu » dans les cavités ainsi créées, en plus ou moins grande quantité. L'égouttage est effectué sans pressage, avec quelques retournements. Après démoulage et salage, le fromage est piqué pour favoriser le développement du bleu, puis placé en salle d'affinage. Il ne pourra être commercialisé avant vingt-huit jours à compter de la date d'emprésurage. Il a alors revêtu sa robe de couleur grise, sur une croûte sèche. La pâte est blanche à crème, le persillage de teinte bleue à verte.

La fourme d'Ambert et le vin

Un côte roannaise fruité et léger

Sans être agressive, la fourme d'Ambert est plus marquée par le bleu dans ses saveurs que sa voisine, la fourme de Montbrison. Deux manières de bien communiquer avec elle : sur un ton classique avec un côte roannaise rouge, sur un ton plus original avec un maury. Issu du cépage gamay, le côte roannaise est produit au nord du département de la Loire, sur les contreforts des monts de la Madeleine. La robe rouge cerise tranche sur la pâte de couleur crème à blanche de la fourme d'Ambert. Assez léger et bien fruité, le côte roannaise s'allie au caractère souple et onctueux de la fourme d'Ambert. Ses parfums de violette, de fruits rouges (fraise, framboise, griotte) trouvent dans les arômes fruités du fromage une complémentarité jeune et élégante. Certains vins sont plus corsés, avec une certaine rusticité et un côté minéral. Ils trouveront du répondant auprès d'une fourme d'affinage plus long.

… ou un maury pour le contraste

Interlocuteur remarquable de la fourme d'Ambert, le maury est un vin doux naturel issu principalement du cépage grenache noir. Si les vins jeunes peuvent convenir, on s'orientera plutôt vers des vins âgés, marqués par l'élevage. Le penicillium a construit toute une palette aromatique au sein de la fourme d'Ambert. Aux notes lactiques initiales s'ajoutent des goûts fruités et des accents de champignon. C'est aussi le temps qui a permis au maury d'exprimer une gamme remarquable : café, cacao, griotte très mûre, épices se dévoilent petit à petit. La confrontation aromatique du fromage et du vin s'avère superbe. L'alliance des saveurs est également splendide : l'alcool et le côté sucré du maury enveloppent délicatement la bouche salée, parfois un rien amère de la fourme d'Ambert. Un ensemble parfaitement structuré mais d'une rondeur remarquable. À l'image des schistes noirs du terroir de Maury face aux falaises de calcaire blanc environnantes, cet accord rappelle que les contraires peuvent engendrer des alliances somptueuses.

Vins d'accompagnement

VINS ROUGES LÉGERS : côte roannaise et autres vins rouges de gamay (dans le Centre : côtes-d'auvergne, saint-pourçain, côtes-du-forez ; dans le Val de Loire, certains touraine et anjou ; beaujolais ; certains vins-de-savoie…)

VINS DOUX NATURELS ROUGES, de préférence âgés : maury, banyuls, rivesaltes tuilé, rasteau rouge, porto.

Fourme de Montbrison

Né dans le Massif central, au cœur des monts du Forez, ce fromage bleu de lait de vache a la même origine que la fourme d'Ambert. Il s'en distingue par sa robe orangée et par son goût, qui appelle des vins tendres, comme le côtes-du-forez son voisin.

AOC 1972

Type
Pâte persillée
Lait cru minoritaire (moins de 3 %)

Fermiers
0 %

Affinage
32 jours

Forme
Cylindre

Diamètre
11,5 à 14,5 cm

Hauteur
17 à 21 cm

Poids
2,1 à 2,7 kg

Aire
Auvergne, massif du Forez (Loire et Puy-de-Dome)

Production
600 t

Les fourmes du Massif central étaient autrefois fabriquées dans des jasseries.

La fourme, versant tradition

L'histoire de la fourme de Montbrison est indissociable de celle de la fourme d'Ambert (p. 64). Il s'agissait du même fromage, fabriqué dans les monts du Forez, et appelé fourme d'Ambert ou de Montbrison selon le lieu de commercialisation : Ambert (Puy-de-Dome) ou Montbrison (Loire). Dans ce coin du Massif central, sur les hautes chaumes, les burons s'appelaient jas ; ils étaient regroupés dans des jasseries, sortes de hameaux. À la belle saison, les paysannes du Forez et du Livradois s'y installaient pour fabriquer la fourme, tandis que les hommes s'occupaient en plaine de la moisson et de la fenaison.

À partir du XXe siècle, la production fermière a décliné. Des laiteries ont entrepris de produire de la fourme jusque dans le Cantal et les méthodes de fabrication se sont industrialisées. Sur le versant oriental des monts du Forez, autour de Montbrison, les laiteries ont cependant perpétué une certaine tradition. De cette évolution sont nées la fourme d'Ambert et la fourme de Montbrison, sans que la différenciation soit toujours bien nette. Il n'existait qu'une seule AOC. La nécessité de distinguer les deux produits s'est cependant fait jour. Fourme d'Ambert et fourme de Montbrison vont désormais constituer deux AOC séparées. La seconde appellation regroupe trois fabricants, et un peu plus de deux cents producteurs de lait.

Une aire restreinte

L'aire de production, qui coïncidait avec celle de la fourme d'Ambert, a été ramenée à vingt-six communes (vingt dans la Loire et six dans le

Puy-de-Dôme), toutes situées dans le massif du Forez. Règles de production du lait, processus de fabrication et d'affinage seront spécifiques. Si la Ferrandaise, race locale, a été remplacée par les Montbéliardes et Prim'holstein, l'alimentation privilégiera désormais l'herbe en rendant le pâturage obligatoire et en limitant l'apport d'ensilage de maïs au profit du foin.

La fabrication

Le lait est collecté, ensemencé en *Penicillium roqueforti* et emprésuré, puis le caillé est découpé en grains de plus petite taille que dans la fourme d'Ambert. Il subit une série de brassages entrecoupés de temps de repos pour exsuder le sérum qu'il contient. Après égouttage, il est émietté, salé dans la masse et mis en moule (alors que la fourme d'Ambert est salée en surface seulement et au démoulage). Après démoulage, le fromage est disposé dans des chenaux, sorte de gouttières taillées dans un fût de sapin ou d'épicéa, pendant au moins six jours – autre différence avec la fourme d'Ambert. Au bout de dix jours, les fromages sont piqués et transportés en cave fraîche. La fourme de Montbrison ne peut être commercialisée avant trente-deux jours à compter de la date d'emprésurage. Sa croûte est d'un rouge orangé et sa pâte présente beaucoup moins d'ouvertures que celle de la fourme d'Ambert, avec un persillage plus réduit et marbré.

La fourme de Montbrison et le vin

À nature douce, vin rouge souple et gouleyant

La fourme de Montbrison présente une personnalité particulière : dans sa robe orangée, elle attire immédiatement l'œil. On la croit alors impétueuse. Il n'en est rien. Derrière une croûte très voyante, elle cache une nature sage et douce. C'est bien un fromage à pâte persillée, un bleu, mais la moisissure se fait ici discrète. On cherchera un compagnon qui non seulement respecte cette qualité mais qui puisse également la mettre en valeur. On évitera donc les vins rouges trop corsés, trop tanniques, pour se diriger vers des vins rouges plutôt légers et fruités.

Vins d'accompagnement

VINS ROUGES LÉGERS : côtes-du-forez et autres vins rouges de gamay (dans le Centre : côte roannaise, côtes-d'auvergne, saint-pourçain ; dans le Val de Loire, certains touraine et anjou ; beaujolais ; certains vins-de-savoie...)

Le côtes-du-forez s'invite en voisin

Dans cette catégorie de vins, le choix est assez vaste ; on pourra privilégier une alliance locale. On goûtera ainsi un bel accord entre la fourme de Montbrison et le côtes-du-forez. Le terroir de la première domine celui du second : les coteaux du Forez font le lien entre les monts du Forez, terre d'élevage laitier, et la plaine du même nom, où coule la Loire. Le côtes-du-forez est à consommer jeune. Le fruité du gamay accompagne la saveur douce du fromage dans un accord très délicat et empreint d'une certaine grâce juvénile. Groseille, framboise, cassis et fraise imprègnent une bouche souple et gouleyante. La fraîcheur qui s'en dégage convient aux parfums délicats offerts par la fourme de Montbrison : goût de lait, de noisette et de « bleu » très doux. Le caractère léger du vin assouplit l'impression de relative fermeté de la pâte de la fourme pour arriver à un fondant très agréable.

Fourme de Rochefort-Montagne

Au pays des fourmes, celle de Rochefort-Montagne est la plus secrète. Exclusivement fermière, sa production est confidentielle et sa diffusion restreinte. Il faut partir à sa rencontre, au pied des monts Dore et des monts Dôme. Dans une Auvergne parfois rude, on découvrira un fromage au caractère doux et fruité. Le patrimonio blanc lui offre tout ce que la Corse sait faire de floral et de fruité. Avec le bourgogne passetoutgrain, le ton sera plus classique mais tout aussi frais et léger.

Type
Pâte pressée non cuite
Lait cru et entier

Fermiers
100 %

Affinage
21 jours

Forme
Cylindre

Diamètre
28 à 30 cm

Hauteur
10 à 15 cm

Poids
5 à 8 kg

Aire
Auvergne (Puy-de-Dome)

Production
120 t

Quelques tonnes de fromage fermier

L'histoire de la fourme de Rochefort-Montagne se perd dans la nuit des temps. Tout juste sait-on que ce fromage à pâte non persillée a été à l'origine du bleu de Laqueuille, quand Antoine Roussel entreprit de l'ensemencer de penicillium. L'essor du bleu dans la région a sans doute porté préjudice à l'expansion de son prédécesseur. Rochefort-Montagne est situé à une trentaine de kilomètres au sud-ouest de Clermont-Ferrand, non loin des aires d'appellation du saint-nectaire et du cantal. Dans ce chef-lieu de canton et les communes voisines, seule une quinzaine d'éleveurs perpétuent la tradition d'un fromage resté totalement fermier. Une association de producteurs milite depuis quelques années pour sa reconnaissance en AOC.

... dans un bassin laitier

Le terroir est marqué par le volcanisme, comme c'est le cas de presque tous les fromages auvergnats. Profonds et fertiles, les sols donnent une herbe riche et abondante. La région est un bassin laitier, où le développement de la production et la spécialisation des exploitations ont été érigés en modèle au cours des années 1960. Paradoxe que le maintien d'une production fermière dans un tel cadre. La race Prim'holstein domine dans ce secteur qui fut le fief de la race Ferrandaise.

La fabrication

Quatre fois plus grosse qu'un saint-nectaire mais sept fois plus petite qu'un cantal, la fourme de Rochefort-Montagne présente pourtant quelques similitudes avec ses voisins à pâte pressée non cuite.

Cru et entier, le lait est emprésuré sitôt la traite terminée ou assemblé à la traite suivante. Une fois le décaillage réalisé, on ajoute de l'eau chaude. C'est l'opération de délactosage. Après repos, on forme avec ce caillé ce qui s'appelle ici la « boule ». Suivent l'égouttage et la maturation.

La tome est ensuite broyée, salée dans la masse, puis mise en moule. Passé environ vingt-quatre heures, elle part en cave d'affinage. Retournements et frottages réguliers permettent la formation d'une jolie croûte. Une particularité : chaque exploitant affine sa propre production et la vend à la ferme, sur les marchés ou encore à des grossistes. Après trois semaines d'affinage, la fourme présente une croûte gris souris, une pâte souple. Assez douce en bouche, elle est dominée par un goût lacté.

La fourme de Rochefort-Montagne et le vin

Accord dans la subtilité avec un patrimonio blanc

Sa peau est velours, sa pâte exprime une grande douceur et son goût étonne par son fruité finement souligné d'une pointe d'acidité : la fourme de Rochefort-Montagne appelle un vin qui saura mettre en valeur un côté assez « féminin ». On choisira dans ce cas l'accord des caractères. Opposition radicale des provenances mais communion dans la finesse et la subtilité : un patrimonio blanc saura non seulement affronter la fourme mais trouvera du punch dans l'alliance. Le soleil du golfe de Saint-Florent pour faire fondre les neiges du Sancy : un mariage hors normes. Celui que l'on teste par goût de l'exotisme et que l'on adopte par conviction profonde. Le vermentino, planté dans les sols calcaires de Patrimonio, donne des vins gras et équilibrés qui présentent une palette aromatique souvent très riche dans le fruité (poire) ou le floral (aubépine). Le fruité de la fourme de Rochefort-Montagne saura s'harmoniser avec ces caractères et ses saveurs acidulées rehausseront le patrimonio, souvent peu acide.

La vache ferrandaise

Avec ses cornes en forme de lyre, elle pourrait avoir des origines communes avec la Salers. Sa robe est pie noire ou pie rouge. La traction mécanique, puis les épidémies, ont failli avoir raison d'elle. Ses effectifs sont tombés de 70 000 en 1930 à 200 en 1990. Un programme de conservation de cette race a été mis en place par le parc régional des Volcans d'Auvergne et l'Institut de l'élevage.

... ou classique avec un bourgogne rouge

Plus classique, l'accord avec un vin rouge de Bourgogne. On ne le choisira pas trop capiteux et l'on préférera les appellations régionales, comme le bourgogne passetoutgrain. Cette appellation donne des vins rouges légers et friands, issus de l'assemblage de pinot noir (au moins un tiers) et de gamay (au maximum deux tiers). Les arômes de fruits rouges, griotte et framboise notamment, sont une base aromatique formant une bonne alliance.

Vins d'accompagnement

VINS BLANCS SECS JEUNES ET LÉGERS : patrimonio, coteaux-du-languedoc, costières-de-nîmes, côtes-du-roussillon...
VINS ROUGES LÉGERS : bourgogne passetoutgrain et autres bourgognes d'appellations régionales, sancerre, côtes-d'auvergne, beaujolais...

Laguiole

AOC 1961

Type
Pâte pressée non cuite
Lait cru entier ou écrémé

Fermiers
Moins de 5 %

Affinage
4 mois

Forme
Cylindre

Diamètre
40 cm

Hauteur
30 à 40 cm

Poids
30 à 50 kg

Aire
Auvergne (massif de l'Aubrac)

Production
650 t

Originaire du massif de l'Aubrac, au sud du Massif central, le laguiole figure parmi les plus méridionales des AOC au lait de vache. Proche du cantal et du salers, ce « fromage des burons » ne naît plus guère en altitude, mais témoigne d'un savoir-faire ancestral qui lui vaut un regain d'intérêt. Dans sa jeunesse, lui associer un gaillac blanc sec, c'est jouer la carte de la fraîcheur aromatique. Avec un fromage de six mois ou plus, penser marcillac, c'est chercher l'alliance locale pour trouver un accord généreux.

Les burons de l'Aubrac

La production du laguiole est restée longtemps saisonnière. Les moines seraient à l'origine de sa fabrication, qui leur permettait de valoriser le lait d'été pour nourrir les pèlerins l'hiver. Élaboré alors dans des ateliers rudimentaires construits en branchages et recouverts de terre, le laguiole a très rapidement confondu son histoire avec celle des burons du massif de l'Aubrac.

Le buron
Le buron était un atelier de fabrication construit en dur où vivaient l'été des équipes qui transformaient le lait d'un troupeau pâturant sur les hauteurs. À l'aube du XXe siècle, 295 burons employaient 1 200 buronniers et produisaient environ 700 tonnes de fromages de garde.

Découpage de la tome avant broyage.

Le xxe siècle a vu la crise de cette économie montagnarde. Au début des années 1960, les burons en activité n'étaient plus que 55 et la production était tombée à 25 tonnes. C'est à cette époque, en 1961, que le laguiole bénéficia d'une AOC. À cette même période, la courbe de la production reprit son ascension.

Le terroir et l'élevage

Appelé à l'origine laguiole-aubrac, le fromage de Laguiole reste indissociable des monts de l'Aubrac.
À l'époque de son accession à l'AOC, la production était encore saisonnière, et l'essentiel des fromages provenait du haut du massif, c'est-à-dire des herbages de la montagne volcanique, à plus de 800 mètres d'altitude. L'économie des burons a fait place à un système allaitant (exploitation des troupeaux à viande) moins coûteux en main d'œuvre, et la production du laguiole s'est déplacée en contrebas, autour de Laguiole. La coopérative Jeune Montagne est restée plusieurs décennies durant la seule dépositaire de cette tradition fromagère, mais deux exploitants se sont installés récemment pour relancer la production fermière. Certains pensent même à refaire le laguiole dans les burons.
La plus grande partie de l'alimentation estivale des troupeaux provient du pâturage. Les herbages assurent aussi la production de foin et d'ensilage d'herbe nécessaires en hiver. Progressivement limité, l'ensilage de maïs sera interdit à la fin de 2003. Seules deux races sont autorisées : la traditionnelle vache Aubrac, plutôt destinée aujourd'hui à la boucherie, mais qui pourrait revenir en grâce dans le secteur laitier, et la Simmental, plus productive.

La fabrication

Né lui aussi dans le Massif central, le laguiole ne peut renier les liens de parenté qui l'unissent au cantal et au salers. Le responsable du buron n'était-il pas appelé *Cantalés* ? Le processus de fabrication est long et complexe. Le lait mis en œuvre est cru. À court terme, il sera utilisé entier. Après emprésurage, le caillé est découpé et brisé. Il fait l'objet d'un premier pressage au « presse-tome ». Le but est de parfaire le processus d'égouttage en procédant plusieurs fois au découpage de la tome, à son retournement et à une nouvelle pression. Après une maturation pendant douze heures minimum, la pâte est broyée en cossettes de petite dimension et salée dans la masse. Il ne reste plus qu'à mouler les pièces d'une quarantaine de kilos, lesquelles subissent un second pressage d'une durée minimale de quarante heures au cours duquel de nombreux retournements ont lieu. Ce n'est qu'après cette série d'opérations que les fromages sont transportés en cave d'affinage, où ils restent pendant au moins quatre mois, à une température de 6 à 12 °C et à une hygrométrie supérieure à 90 %.

Le service

Le laguiole est aujourd'hui disponible toute l'année. Il est reconnaissable à sa croûte marquée à l'effigie d'un taureau de race Aubrac. On ne peut parler de ce fromage sans évoquer l'aligot, recette aveyronnaise rustique et savoureuse qui consiste à assembler, assaisonnées d'ail, de la purée de pommes de terre et de la tome de Laguiole fraîche qui file dans l'assiette.

Le laguiole et le vin

Sur un laguiole jeune, un vin rouge léger ou un gaillac sec

Fromage de garde, le laguiole met du temps à s'exprimer. À quatre ou cinq mois, il est tout juste adulte. Sa croûte est joliment boutonnée et sa pâte souple. Le goût, plein de jeunesse, transmet tout ce que l'Aubrac porte en lui de flore riche et variée. Ici, l'herbe toute fraîche du mois de mai, là, le foin séché précautionneusement au vent chaud du mois de juillet. Les odeurs lactées transportent au cœur du plateau, là où les vaches n'ont jamais vu passer de train. Outre les vins rouges légers, certains blancs sont à même d'aborder un laguiole jeune en toute franchise. On choisira un gaillac. Un gaillac sec, car ce vignoble produit aussi des moelleux qui ne s'accordent pas avec ce type de fromage. Si un vin de pur sauvignon peut convenir, on préférera un produit d'assemblage où entrent les cépages len de l'el et mauzac. Ces vins développent des notes florales rappelant le miel d'acacia, des arômes de buis ou des nuances d'amande. Le support acide est généralement suffisant pour être en phase avec le fromage, lui aussi souvent un peu acidulé.

Vins d'accompagnement

CERTAINS VINS BLANCS SECS sur un fromage jeune : gaillac sec, limoux, graves.

VINS ROUGES LÉGERS sur un fromage jeune : certains gaillac rouges, côtes-du-frontonnais, bergerac, côtes-de-millau...

VINS ROUGES CHARPENTÉS sur un fromage vieux : marcillac.

Sur un laguiole vieux, un accord régional avec le marcillac

À six mois et plus, le laguiole devient plus imposant, plus évolué dans ses caractères aromatiques. Il lui faut des vins qui puissent l'affronter. Né dans une région proche de la zone d'appellation du laguiole, le marcillac offre une alliance régionale toute naturelle. La croûte du laguiole est devenue plus brune, au relief plus marqué. Un liseré brun apparaît sous celle-ci et fait la jonction avec la pâte. La présence aromatique est à la fois plus forte et plus riche. Au caractère floral et lactique s'est adjoint un côté plus fruité, dans le registre de la noisette. Si l'approche est d'abord un peu ferme, la pâte fond ensuite en bouche et développe alors toute sa puissance. Fromage et vin partagent ce caractère un peu rustique, ce rassurant côté paysan. La notion de terroir prend ici toute sa valeur. Le cépage fer servadou donne dans une terre de rougiers des vins couleur cerise burlat aux accents de cassis, de framboise et de mûre, largement soutenus par des notes poivrées. La charpente est souvent solide, voire austère, mais cache une personnalité, pour un vin de trois à quatre ans, d'une grande harmonie et d'une belle générosité. On n'oubliera pas le pain de seigle, ni le couteau laguiole.

Langres

Né sur le plateau du même nom, entre Bourgogne, Lorraine et Champagne, ce petit fromage de vache à croûte lavée possède une cuvette caractéristique à son sommet, la « fontaine ». On goûtera l'alliance avec un saint-aubin blanc, douce sous la langue, explosive en termes d'arômes.

Une tradition fermière

Une chanson du XVIIIe siècle vante les mérites de ce fromage, dont les secrets de fabrication ont été transmis par les paysannes de la région de Langres, cité fortifiée de la Haute-Marne. Au début du XXe siècle, les laiteries sont intervenues dans son élaboration. En 2001, dix ans après son accession à l'AOC, le langres connaît une production modeste, mais en progression. Cinq transformateurs, dont deux fermiers, en assurent la fabrication. Les laiteries produisent parfois aussi de l'époisses, autre pâte molle à croûte lavée et spécialité de la Côte-d'Or limitrophe.

À l'origine centrée sur Langres et ses environs immédiats (le village de Peigney et le canton de Neuilly-l'Évêque), la zone d'élaboration s'étend sur la majeure partie de la Haute-Marne, débordant même sur quelques communes des Vosges et de la Côte-d'Or. Les vaches sont de race Simmental française ou Brune, et parfois Prim'Holstein ou Montbéliarde.

La fabrication

Le langres est un fromage à pâte molle et à croûte lavée. Le lait peut être utilisé cru, thermisé ou pasteurisé. Après un emprésurage assez important, le caillé est, selon les ateliers, tranché légèrement ou directement disposé dans des moules pour un égouttage d'environ vingt-quatre heures. Après démoulage, les fromages sont salés au sel sec et affinés pendant une durée minimale de quinze jours pour le petit format et de vingt et un jours pour le grand format. Ils sont alors frottés, lavés avec des solutions salées parfois additionnées de rocou, colorant végétal.

Le langres s'égoutte pendant vingt-quatre heures dans des moules.

Le service et les saisons de dégustation

Le langres se reconnaît à sa « fontaine » ; cette petite cuvette dans sa partie supérieure, qui s'accentue au cours de l'affinage, est due à la forme tronconique du moule traditionnel et au fait que le fromage n'est pas retourné pendant

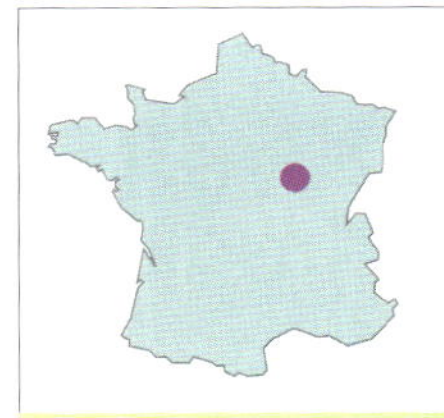

AOC 1991

Type
Pâte molle à croûte lavée
Lait cru minoritaire (3 %)

Fermiers
3,5 %

Affinage
15 à 21 jours selon le format

Forme
Cylindre

Diamètre
7,5 à 9 cm

Hauteur
4 à 5 cm

Poids
150 à 300 g

Aire
Haute-Marne avec extensions dans la Côte-d'Or et les Vosges

Production
300 t

Le langres et le vin

Les rouges pâlissent, les blancs s'affirment

Le langres, comme toutes les pâtes molles à croûte lavée, n'est pas facile à marier. Les inconditionnels des vins rouges peuvent tenter l'accord avec des bourgognes, comme le pommard et le volnay, mais le fromage, par sa puissance aromatique, a tendance à prendre le dessus. Mieux vaut un vin blanc de la même région. Un saint-aubin sera le bienvenu. Peu connue mais voisine de chassagne-montrachet et de puligny-montrachet, cette appellation possède des premiers crus à la hauteur des crus les plus renommés de la Bourgogne, tels Les Murgers des Dents de Chien ou Châtenière. Les vins blancs, issus du cépage roi de la région, le chardonnay, naissent à une altitude un peu plus élevée et sous un microclimat plus froid que les AOC communales voisines. Cela n'empêche pas les saint-aubin d'être vineux et d'une grande classe. On choisira un vin âgé d'au moins huit ans.

Un bel équilibre avec un saint-aubin mûr

Une robe ocre saumoné pour le langres, un or brillant pour le saint-aubin. La confrontation olfactive est forte mais sensuelle. Le fromage dégage avec intensité des odeurs de sous-bois et de champignon frais, accompagnées de quelques notes lactiques quand il est jeune. À cette série aromatique plutôt végétale, le saint-aubin répond par un nez minéral, avec des fruits secs et du miel. C'est en bouche que le choc est le plus violent. Le langres offre d'abord un goût assez doux puis développe rapidement des notes de champignon, de sous-bois, de noisette, parfois aussi des goûts plus sauvages, sur un registre plus animal. Le saint-aubin arrive pourtant à s'imposer. Le boisé du vin et la série aromatique des fruits secs, voire une touche de tilleul et de cire, complètent joliment les arômes du langres. Les textures s'accordent également, le gras du vin enveloppant le côté acidulé, tonifiant et agréable du fromage.

Vins d'accompagnement

VINS BLANCS DE BOURGOGNE élevés en fût et assez âgés : saint-aubin, chassagne-montrachet, puligny-montrachet et autres grands crus de montrachet, meursault.... VINS ROUGES DE BOURGOGNE : pommard, volnay... (accord plus risqué).

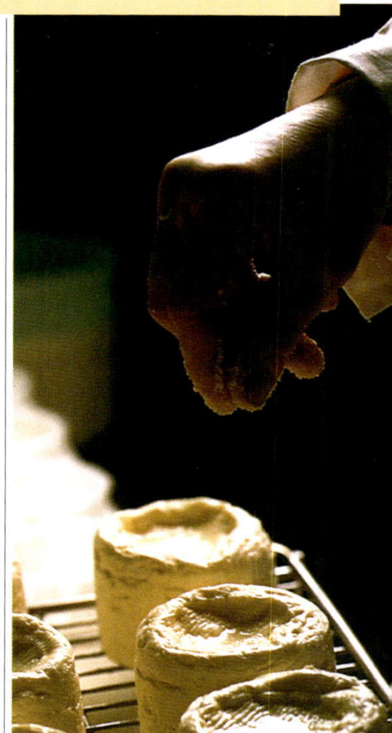

Après démoulage, le langres est salé au sel sec.

l'affinage. Outre le petit format, il existe un grand modèle (800 grammes) vendu à la coupe. Fromage de fin de repas, le langres peut être additionné de marc versé dans sa cuvette ou bien flambé au marc de Bourgogne ou de Champagne. On l'apprécie à différentes phases d'affinage. Autrefois fabriqué de septembre à mai afin d'éviter la saison chaude, le langres est aujourd'hui disponible toute l'année grâce à la maîtrise des températures et de l'hygrométrie dans les caves d'affinage. Il est cependant plus onctueux du début de l'été à la fin de l'année.

Livarot

Ce fromage des herbages du Pays d'Auge, en Basse-Normandie, est élaboré depuis le XVIe siècle. Sa fabrication est majoritairement l'affaire d'artisans. Face à son caractère marqué, la délicatesse d'un bonnezeaux peut apparaître incongrue. Pourtant, le grand liquoreux de la Loire cache derrière sa finesse aromatique une sève exceptionnelle qui joue avec entrain face à la partition du livarot.

AOC 1972

Type
Pâte molle à croûte lavée
Lait cru (33 %) thermisé ou pasteurisé légèrement écrémé

Fermiers
Moins de 1 %

Affinage
3 à 8 semaines

Forme
Cylindre

Diamètre
12 cm

Hauteur
4 à 5 cm

Poids
500 g

Aire
Pays d'Auge (à cheval sur l'Orne et le Calvados)

Production
1 000 t

Marginalisé par le camembert

Sans doute dérivé du pont-l'évêque, le livarot figure parmi les fromages mentionnés en 1708 par Thomas Corneille dans son *Dictionnaire universel.* Si le camembert s'est évadé de sa région d'origine, si la zone de production du pont-l'évêque s'est élargie à toute la Normandie et même à la Mayenne, l'aire du livarot est restée confinée au sud du Pays d'Auge. Le succès fulgurant du camembert a marginalisé sa production. Pourtant, à la fin du XIXe siècle, c'était le fromage le plus consommé en Normandie. Plus de deux cents affineurs achetaient en blanc (c'est-à-dire quelques jours après leur fabrication) aux paysans de la région les livarots qu'ils vendaient sur les marchés après plusieurs semaines de soins en cave. Ce fromage permettait aux éleveurs de compléter le revenu qu'ils tiraient de la production de beurre, car avant 1930, il était élaboré à partir de lait écrémé. Au début du XXe siècle, lorsque la collecte du lait s'est améliorée, le nombre de producteurs fermiers a diminué, et l'industrie, entièrement tournée vers la fabrication du camembert, ne s'est pas intéressée au livarot avant la fin des années 1950. Aujourd'hui, il reste trois producteurs dont deux fermiers.

Un pays fait d'argiles, d'eau et de pentes

L'aire du livarot s'étend sur un rayon de vingt-cinq kilomètres autour du bourg qui porte son nom, dans la moitié sud du Pays d'Auge. Les sources, nombreuses et abondantes, alimentent les multiples cours d'eaux qui ont façonné un relief fait d'une succession de petits plateaux disséqués par des vallées. Les pentes sont fortes. Les formations argileuses, prédominantes, sont à l'origine de terres lourdes et froides où l'herbage est roi. Herbages des vallées, les plus riches, herbages à flanc de coteaux, souvent plantés de pommiers à cidre, herbages des plateaux, ils sont toujours permanents et possèdent une flore très diversifiée, variable selon la topographie.

La vache Normande

Sa robe est pie rouge, truitée (couverte de taches minuscules) ou bringée (couverte de grandes taches), sa tête blanche « à lunettes » (marquée de taches autour des yeux), avec des cornes recourbées vers l'avant. Elle fait

partie du paysage normand, cette vache laitière au lait riche en matières grasses et en protéines, et qui est aussi une bonne race à viande. Elle ne remonte cependant qu'au XIXe siècle, et résulte du croisement de la vache du Pays d'Auge, blonde tachetée et de taille plus modeste, avec d'autres races locales, comme la Cotentine et la Cauchoise.

Un fromage à croûte lavée

Il faut 5 litres de lait non encore acidifié mais légèrement écrémé pour fabriquer un livarot. Ce lait est enrichi en bactéries lactiques, réchauffé à 35 °C et additionné de présure. La coagulation est obtenue en une vingtaine de minutes ; le caillé est ensuite découpé, brassé puis séparé d'une grande partie de son sérum avant d'être réparti dans les moules.

Pendant deux jours, les fromages séjournent en salle à une température de plus de 20 °C ; ils sont retournés plusieurs fois. Ils sont ensuite démoulés puis salés par pulvérisation de sel sec ou par immersion en saumure afin de terminer l'égouttage et de sélectionner les ferments de surface qui se développeront lors de l'affinage. L'affinage est entrecoupé de lavages à l'eau salée additionnée de ferments (champignons et bactéries) et éventuellement de rocou (un colorant naturel). Pendant trois à six semaines, le livarot séjourne dans les hâloirs maintenus constamment à une température relativement basse et dans une atmosphère très humide. Durant cette période, les enzymes, qu'elles soient issues du lait ou des micro-organismes qui peuplent le caillé, dégradent la matière grasse, les protéines ou le lactose qu'il contient et produisent des composés particulièrement aromatiques. Les fromages sont enfin cerclés de lanières. La mise en vente n'interviendra qu'une à deux semaines plus tard.

Le service

Le livarot est un fromage à déguster à petites bouchées car arômes et saveurs persistent longtemps en bouche. Il peut entrer dans la préparation de recettes comme tartes et tourtes.

Pourquoi des lanières autour du livarot ?

Autrefois, lorsque le livarot était élaboré à partir de lait écrémé, les lanières servaient à lui garder sa forme car, pauvre en matières grasses, le fromage avait tendance à s'affaisser lors de l'affinage. Si ces bandelettes ne sont plus indispensables aujourd'hui, elles contribuent à identifier le produit. Elles sont en papier ou issues d'une plante marécageuse : la massette, sorte de roseau appelée laiche en Pays d'Auge, qui est récoltée en fin d'été. La plante est ébouillantée puis découpée dans le sens de la longueur avant de se retrouver au contact du livarot.

Le livarot et le vin

Fuir les vins rouges, choisir les liquoreux

Le livarot a de l'ascendant, ses arômes et ses saveurs persistent longtemps en bouche. Trouver un vin qui saura le sublimer n'est pas chose aisée. Tous les vins rouges sont à écarter. Ne pouvant répondre à un fromage d'un tel caractère, ils ont tout à perdre dans la confrontation. Parmi les vins blancs, on se tournera vers les liquoreux qui offrent des accords originaux et valorisants. Dans ce type, le bonnezeaux constitue le partenaire idéal. Ce grand vin de Loire, de diffusion réduite, est servi le plus souvent à l'apéritif. Pourtant, il recèle des qualités inestimables pour accompagner certains fromages tels que le livarot. Élaboré à partir du cépage chenin, il puise dans le terroir de schistes de Thouarcé, en Anjou, toute sa typicité.

Vins d'accompagnement

VINS BLANCS LIQUOREUX DE LA LOIRE issus de chenin, possédant une base acide : bonnezeaux, coteaux-du-layon, coteaux-de-l'aubance, coteaux-de-saumur, quarts-de-chaume, vouvray moelleux.

Un accord intense avec le bonnezeaux

Le livarot se présente dans une robe ocre orangé. Sa croûte puissamment odorante dégage des odeurs d'étable, de litière et de jus d'ortie. Sa pâte jaune, très souple, est parsemée d'un grand nombre de petits trous. Si l'odeur apparaît forte, la mise en bouche n'est pas agressive. Un peu salée et très légèrement amère, la pâte adhère longtemps au palais puis fond en libérant des arômes rémanents de fruits secs. À ce contact, le bonnezeaux ne recule pas. Derrière sa belle robe dorée, il cache un caractère marqué. Le nez est très délicat, sur fond de fleurs blanches et de miel d'acacia : un changement radical de registre face au tonitruant livarot. En bouche, la première impression est forte : l'acidité du chenin rencontre de manière presque incisive la sensation de gras du fromage. Ensuite, le côté sucré se manifeste très rapidement, venant sceller l'accord. En matière d'arômes, on assiste à un jeu subtil : fromage et vin ne se fondent pas vraiment, mais échangent à tour de rôle leurs traits de personnalité. Les composantes aromatiques peuvent être aux antipodes ou dans la même gamme, celle des fruits secs par exemple. La finesse de l'un tempère l'insolence de l'autre sans qu'aucun ne domine vraiment. Un fragile équilibre entre des saveurs totalement opposées.

Des herbages du Pays d'Auge naît un produit de caractère qui aime la vive douceur des liquoreux d'Anjou.

Mâconnais

Au pied des monts du Mâconnais, la fabrication du fromage de chèvre apportait un complément de revenus aux fermes vigneronnes. Cette production s'est maintenue en se spécialisant. Le petit fromage bourguignon s'accorde aux vins de la région. Entre mâcon-villages blanc et pouilly-fuissé, il trouve en fonction de sa maturité de quoi exprimer pleinement un goût d'abord discret, puis plus affirmé.

Type
Fromage de chèvre
Lait cru et entier
Fermiers
Majoritaires
Affinage
6 jours
Forme
Cône tronqué
Diamètre
4 à 5 cm
Hauteur
3 à 4 cm
Poids
50 g
Aire
Mâconnais au sud de la Bourgogne (Saône-et-Loire)
Production
200 t

Au nord-ouest de Mâcon, Hurigny, son église du XIIe siècle et ses troupeaux de chèvres.

La chèvre et la vigne

Si le Mâconnais est aujourd'hui plus connu pour ses vins que pour ses fromages, les deux productions étaient liées dans l'agriculture traditionnelle de la région. La fabrication du fromage de chèvre était l'affaire des femmes, de l'élevage à la vente. Après la dernière guerre, et surtout à partir des années 1970, elle s'est spécialisée. Aujourd'hui, chaque vigneron n'a plus sa chèvre, mais près de trois cents troupeaux sont répartis sur l'ensemble de la zone et beaucoup d'éleveurs possèdent encore des vignes. La production est surtout fermière. Forts d'une tradition bien vivante, les éleveurs ont demandé le bénéfice d'une AOC qui est en bonne voie.

Les monts du Mâconnais

Sur la rive droite de la Saône, le Mâconnais apparaît comme une succession de chaînons calcaires orientés nord-est sud-ouest. Les calcaires durs des monts créent des paysages pittoresques, dont le plus célèbre est formé par la roche de Solutré. La vigne grimpe jusqu'à 400 mètres d'altitude. Sur les sommets, elle abandonne le terrain à une lande aux maigres herbages. C'est là le domaine des chèvres. L'herbe est la base de leur alimentation et il n'est pas rare de trouver des troupeaux entre prairies et landes sèches, cueillant une graminée par ci et grappillant quelques pousses de taillis par là. À quelques communes près, la zone de production du fromage coïncide avec la zone délimitée pour le vignoble.

La fabrication

Le mâconnais est élaboré par caillage lactique au lait cru et entier de chèvre.Pour fabriquer ce fromage, il faut un demi-litre de lait. Celui-ci est mis en maturation et ensemencé avec du lactosérum issu de la dernière fabrication. L'emprésurage se pratique au maximum douze heures après la traite. Il est réalisé à une température comprise entre 18 et 25 °C, à l'aide de présure issue de caillette de chevreau. Le moulage doit se faire à la louche et sans pré-égouttage. Le fromage s'égoutte ensuite au moins vingt-quatre heures, sans retournement, entre 18 et 22 °C. Afin de permettre une bonne migration du sel et d'éviter la formation d'une croûte, il est rapidement salé après démoulage. Autrefois, le séchage se pratiquait dans des cages, à l'air libre, à l'ombre des galeries des maisons mâconnaises, et l'affinage dans les caves. Aujourd'hui, après ressuyage, le mâconnais s'affine six jours en hâloir.

Le service

Le petit fromage de forme tronconique, à la croûte ivoire et bleutée, est maintenant disponible toute l'année, même si les amateurs préfèrent les fabrications du printemps, au retour des chèvres à la pâture. On peut le servir entier ou le couper en quartiers afin d'apprécier la texture de sa pâte. Vu la petitesse de son format, celle-ci ne varie guère entre le cœur du fromage et son pourtour. C'est pourquoi on n'en ôtera pas la croûte, qui apporte en outre un équilibre à la saveur salée du fromage.

Le mâconnais et le vin

Sur un fromage jeune, un mâcon-villages blanc

Les productions viticoles et fromagères sont traditionnellement liées dans cette région. Dans ces conditions, l'accord avec le vin local coule de source. Si le mâcon rouge peut convenir, de même qu'un vin du Beaujolais voisin et tous les rouges légers issus de gamay, l'alliance avec un vin blanc est des plus séduisantes. À quinze jours, le fromage est encore marqué par la jeunesse. Les levures blanchâtres et quelques moisissures grises forment un duvet en guise de croûte. La pâte est blanche et la croûte lisse. On ouvrira une bouteille de mâcon-villages blanc. Le chardonnay donne des vins où noisette et miel poussent une charmante ritournelle. En bouche, le fromage, d'abord ferme, fond lentement. Une pointe de sel est très vite assimilée par le mâcon-villages qui, dans une élégante vivacité, développe un fruité épanoui.

Sur un fromage affiné, un pouilly-fuissé

Quand le fromage dépasse les trois semaines d'affinage, la croûte se pare de moisissures bleues et le goût s'affirme. Un pouilly-fuissé devient alors la ressource nécessaire. Également né en Mâconnais, au pied de la roche de Solutré, il possède une sève et la présence aromatique qui seront en phase avec la marque plus forte d'un mâconnais dont le temps a modelé les saveurs. La noisette, l'amande grillée, mais aussi la fleur d'acacia ou l'aubépine trouvent, à côté des notes caprines modérées du mâconnais, une belle occasion d'expression. Aucune agressivité ne pointe. Pas d'amertume ni d'acidité dans le fromage, juste un singulier et plaisant échange dans une vivacité réconfortante.

Vins d'accompagnement

VINS BLANCS SECS : mâcon-villages, montagny, bourgogne blanc, petit chablis, bourgogne aligoté, bouzeron ; vins de sauvignon de Bourgogne et de Loire : sauvignon-de-saint-bris, pouilly fumé, sancerre ; sur un fromage affiné : pouilly-fuissé. VINS ROUGES FRUITÉS ET LÉGERS : mâcon, beaujolais...

Maroilles

AOC 1976

Type
Pâte molle à croûte lavée
Lait cru
Minoritaire (7 %)

Fermiers
6 %

Affinage
5 semaines

Forme
Pavé

Côté
13 cm

Hauteur
6 cm

Poids
720 g

Aire
Thiérache (départements du Nord et de l'Aisne)

Production
2 100 t

Le « véhément maroilles, roi des fromages forts... à la tonitruante saveur », selon l'expression du gastronome Curnonsky, nous vient des frais pâturages de la Thiérache, dans le nord de la France. C'est un fromage de caractère, avec lequel les accords sont délicats. Un saint-émilion pourra l'amadouer, et un vin blanc moelleux, tels le vouvray ou le gewurztraminer vendanges tardives, réservera de bonnes surprises.

Les moines de Maroilles

Voilà un fromage fort ancien, inventé il y a quelque mille ans par les moines de l'abbaye de Maroilles. Déjà, au Moyen Âge, il fallait environ trois mois pour parfaire son affinage. *L'Escript des pâturages* rappelle en effet que tous « les manants ayant vaches » devaient transformer le lait de la Saint-Jean (le 24 juin) pour le remettre à l'abbaye le jour de la Saint-Rémy

Le Nord de la France a aussi son bocage d'où provient le maroilles.

(le 1er octobre). Très vite, ce fromage devint célèbre. Philippe Auguste, saint Louis, Charles VI, François Ier, Fénelon et Turenne en auraient fait leurs délices.

Les herbages de Thiérache

L'aire de production, la Thiérache, s'étend dans le département du Nord (sud de l'arrondissement d'Avesnes, son terroir d'origine) et dans celui de l'Aisne (nord de l'arrondissement de Vervins). Un pays de bocage, à l'habitat dispersé, parcouru de cours d'eau, aux sols marneux, ravinés, coupés de pentes courtes et raides, et qui figure parmi les plus arrosés de France. Le climat, particulièrement rude, évoque celui des Vosges. Les influences atmosphériques sont si puissantes que, d'une année à l'autre, dans une même cave et avec les mêmes soins, le maroilles présente une qualité et une onctuosité variables.
La solide race maroillaise ayant été décimée au cours de la Grande Guerre, l'essentiel du troupeau actuel est constitué de Prim'Holstein.

La fabrication

La fabrication est assurée par huit producteurs fermiers, trois fromageries industrielles et quatre affineurs. Le lait, parfois utilisé cru et entier, est la plupart du temps standardisé et réchauffé avant d'être réparti dans des cuves d'emprésurage. Le caillé est versé dans des moules de

Au cours de l'affinage, le maroilles est régulièrement brossé à l'eau salée.

forme carrée, appelés « équinons », et l'on procède ensuite à plusieurs retournements.
Le lendemain, les fromages sont démoulés puis salés. Vingt-quatre heures après, ils sont immergés dans une saumure pour donner à la pâte plus de souplesse et d'homogénéité. Le produit brut, appelé maroilles blanc, est mis deux jours en séchoir, une pièce aérée, fraîche et humide. Une légère moisissure bleue se forme alors.
Les fromages sont ensuite « débleuis », c'est-à-dire brossés à l'eau salée, et disposés en cave d'affinage. Celle-ci est le plus souvent voûtée et construite en briques poreuses qui jouent le rôle d'éponge et permettent le développement d'une flore particulière (le ferment du rouge) qui donne naturellement à la croûte du maroilles la teinte blonde qui fait son originalité. L'affinage, variable en fonction du format, prend de deux à cinq semaines. Durant cette étape, les fromages sont régulièrement retournés et brossés, toujours à l'eau salée, pour entretenir une croûte de bel aspect.

Le service et les saisons de consommation

Le maroilles offre une croûte rouge orangé, lisse et brillante. Il contient au moins 45 % de matière grasse. Il se présente enveloppé de papier, couché sur de la paille ou encore emballé dans une boîte. Gros pavé de plus de 700 grammes, il existe dans des formats plus petits : le sorbais (540 grammes), le mignon (360 grammes), et le quart (180 grammes). Il s'annonce par un fort bouquet. Sa pâte est souple et onctueuse. Au palais, il offre une saveur corsée de terroir, douce et sans amertume. Surtout consommé en automne et en hiver, le maroilles est apprécié dans la Champagne proche : c'est le fromage des vendangeurs. Traditionnellement, il se coupe en huit parts, délimitées à l'extérieur par les angles et le milieu du fromage. Il entre dans de nombreuses recettes régionales : soupe, raclette et une tarte appelée goyère.

Le maroilles et le vin

Maroilles à trois stades d'affinage.

En rouge, un vin étoffé aux tanins arrondis

Encore un fromage de la famille des pâtes molles à croûte lavée, si difficile à marier aux vins. Prudence avec les vins rouges. On choisira un vin suffisamment étoffé mais aux tanins fondus. Trop tannique, il donnerait une impression de grande dureté, et trop léger, il serait anéanti par la forte présence du fromage. Un saint-émilion grand cru âgé d'une dizaine d'années fera l'affaire : ses tanins sont affinés et sa bouche ronde, souple et charnue peut rencontrer le maroilles. Des deux partenaires, aucun ne s'impose. Le fruité, les notes épicées et les accents de sous-bois du vin arrivent à percer.

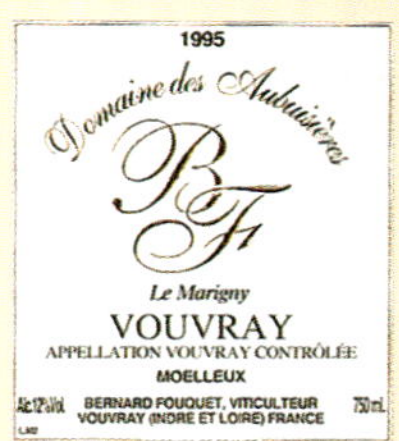

Vins d'accompagnement

VINS ROUGES STRUCTURÉS ET ÂGÉS, aux tanins fondus : saint-émilion grand cru, pomerol, côtes-de-castillon, fronsac…
VINS MOELLEUX DE LOIRE OU D'ALSACE : gewurztraminer vendanges tardives, vouvray moelleux, coteaux-du-layon, coteaux-de-l'aubance…

En blanc, une belle complicité avec des vins moelleux

Un gewurztraminer vendanges tardives donne un relief particulier à la dégustation dans un ton d'une grande douceur. Si les alliances olfactives sont un peu difficiles entre le bouquet puissant du maroilles et les parfums de rose et d'aubépine du vin, le mariage en bouche procure des sensations très agréables. Le contraste est d'abord saisissant entre les saveurs acidulées puis salées du maroilles et le moelleux du vin, mais très vite, le côté sucré l'emporte et, en rétro-olfaction, des notes aromatiques provenant des deux produits se mêlent avec justesse. Étonnant mariage !

Le vouvray peut également réserver de bonnes surprises. Né en Touraine du cépage chenin il peut être sec, mousseux ou moelleux. C'est ce dernier qui sera le plus adapté. Souvent porteur d'un fond vif, il développe des notes de coing, de miel ou de tilleul. La structure, la puissance aromatique et la teneur en sucres résiduels permettent au vin de se placer en position d'équilibre face au fromage. Loin de s'éteindre, ce dernier répond sans emporter la bouche. Gewurztraminer vendanges tardives et vouvray moelleux : deux styles différents mais une complicité avec le maroilles dans de longs instants aromatiques.

Mont d'Or ou vacherin du haut Doubs

Le mont d'or vient du Jura, comme le comté. Dans sa boîte d'épicéa, il ne manque pas d'allure. C'est un fromage saisonnier, à découvrir de l'automne au milieu du printemps. Un bel accord ? Un vin rouge fruité, structuré mais pas trop tannique comme le pinot noir d'Alsace ou un blanc typé comme l'étoile.

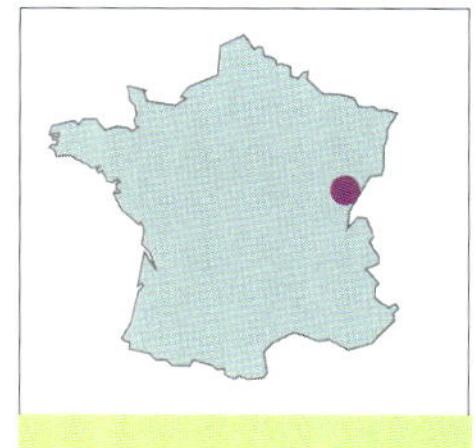

AOC 1981

Type
Pâte molle à croûte lavée
Lait cru le plus souvent entier

Fermiers
0 %

Affinage
3 semaines minimum

Forme
Cylindre plat

Diamètre
11,5 à 33 cm

Hauteur
7 à 8 cm

Poids
400 g à 3 kg

Aire
Massif du Jura (Doubs)

Production
3 200 t

Le « fromage de boete »

Né dans le massif jurassien, le mont d'or, ou vacherin du haut Doubs – nom réservé au fromage bénéficiant de l'AOC – est l'héritier du « fromage de boete », dit aussi « fromage gras » ou « de crème » qui était produit en complément du gruyère. Cette spécialité, dont on trouve trace depuis le milieu du XVIIIe siècle, était élaborée en hiver, lorsque les vaches avaient moins de lait. Alors que le comté est fabriqué toute l'année, la production du mont d'or est restée saisonnière : elle s'effectue entre le 15 août et le 15 mars.

Fromage saisonnier, le mont d'or est produit essentiellement en automne et en hiver.

Un élevage traditionnel

Le mont d'or naît dans une région de moyenne montagne (700 mètres au moins), où les pâturages représentent la totalité de la superficie agricole cultivée. Cette partie du Jura proche de la Suisse, autour de Morteau, Mouthe, Pontarlier... (environ quatre-vingt-dix communes du département du Doubs), est célèbre par ses hivers rigoureux, et par ses spécialités roboratives telles que la saucisse fumée. Elle s'inscrit dans l'aire de production du comté et la fabrication s'organise également autour des fruitières, ces ateliers coopératifs éparpillés dans le Jura. Les vaches de race Montbéliarde ou Simmental française fournissent seules le lait. Elles doivent disposer d'un hectare au minimum. Leur alimentation ? L'herbe fraîche des pâturages en été, le foin produit sur ces mêmes prairies en hiver, au besoin complété d'aliments concentrés et de farine de céréales, mais en aucun cas des produits issus de crucifères qui peuvent donner de mauvais goûts au lait, d'ensilage ou autres aliments fermentés.

Le métier de sanglier

Le mont d'or est obligatoirement cerclé dans une écorce d'épicéa. Cet usage implique l'existence d'un métier aussi rare que surprenant : celui de sanglier ! Avec un savoir-faire très local, l'homme de l'art prélève l'écorce des arbres, ou plus exactement l'aubier qui se trouve sous la première écorce visible, et la découpe en longues lanières. Après séchage, les sangles sont livrées chez les fromagers.

Un fromage au lait cru

Le lait est mis en œuvre à l'état cru et généralement entier, sans aucun ajout. Il est quotidiennement livré à la fruitière, la plupart du temps immédiatement après la traite, par l'éleveur lui-même. La fabrication du fromage débute à une température inférieure à 40 °C. Le lait est emprésuré, et après coagulation, le caillé est placé dans des moules, où il s'égoutte. Démoulé, il est cerclé dans une sangle constituée d'écorce d'épicéa. Il subit un léger pressage avant d'être affiné sur une planche d'épicéa, dans une cave où la température ne dépasse pas 5 °C. Il est retourné plusieurs fois et frotté à l'eau salée.
Un traitement qui le fait entrer dans la catégorie des pâtes molles à croûte lavée. Il est ensuite mis dans une boîte en épicéa, d'un diamètre légèrement inférieur, ce qui le comprime et occasionne une certaine ondulation de la croûte supérieure. La mise en boîte s'effectue au bout de douze à quinze jours environ. La durée d'affinage doit être au moins de trois semaines à compter du jour de fabrication. Le fromage présente alors une croûte jaune orangé à marron brun.

... dans sa boîte d'épicéa

Le fromage est toujours présenté dans une boîte cylindrique d'une épaisseur de 6 à 7 centimètres.
Le vacherin était au début du XXe siècle un fromage familial, dont le poids variait de 1 à 3 kilogrammes.
Il existe aujourd'hui en deux formats : le petit (entre 400 grammes et 1 kilogramme) destiné à la vente à l'unité, le grand (entre 1,8 et 3 kilogrammes), vendu à la coupe.
Le fromage est toujours commercialisé dans sa boîte, sauf à la coupe (la part est alors vendue avec la partie de sangle d'épicéa).

Le service

De petit format, le mont d'or s'entame par le centre à la cuillère. Il convient ensuite de trancher par part jusqu'à la périphérie afin que chaque convive puisse avoir la partie touchant la sangle d'épicéa. En effet, ce bois confère des arômes particuliers au cours de l'affinage. Le fromage doit donc être suffisamment affiné pour acquérir toutes ses qualités.
Sa pâte, crémeuse et de saveur lactée plutôt douce, comporte des nuances végétales, plus ou moins balsamiques selon la position par rapport à la sangle d'épicéa.
La croûte, lorsqu'elle n'est pas trop évoluée, peut se manger. Il suffit simplement de la gratter légèrement avec une lame fine perpendiculaire. Le mont d'or peut être conservé en cave fraîche deux ou trois jours.

Le mont d'or et le vin

En rouge, les tons fruités et épicés d'un alsace pinot noir

Le mont d'or appelle des vins de caractère, qu'ils soient rouges ou blancs. Pour les premiers, le choix se portera sur des produits plutôt fruités, de bonne consistance mais pas trop tanniques. Non loin du pays du mont d'or, l'Alsace, connue pour ses vins blancs, produit aussi des vins rouges à base de pinot noir (10 % des surfaces plantées). Si traditionnellement, ce cépage donne en Alsace des vins assez légers, vinifiés en rouge avec cuvaison courte ou en rosé de saignée, de plus en plus de vignerons élaborent des vins plus solides, vinifiés comme de « vrais » rouges. On recherchera ce dernier type. Il présente un nez fruité, souvent accompagné de notes de vanille. Avec beaucoup d'élégance au palais, ses tons toujours fruités et épicés se lient bien avec les parfums résinés du fromage. En bouche, la puissance se conjugue avec la souplesse, l'ampleur avec le soyeux. Richesse et velouté du vin trouvent écho dans la pâte fondante, parfois coulante du fromage. On alternera une cuillère de mont d'or posée sur une tranche de pain frais avec une gorgée d'alsace pinot noir.

En blanc, un accord de voisinage avec un étoile

Le mont d'or aime aussi les vins blancs. En voisin, l'étoile le porte tout naturellement... au firmament.

Cette appellation jurassienne tire son nom d'un charmant village qui recèle des fossiles en forme d'étoile. On y produit des vins de paille, des vins jaunes et moelleux, mais c'est dans les vins blancs secs que l'on trouvera le partenaire recherché. Issus du chardonnay, du savagnin ou de leur assemblage, ces vins ont un type marqué qui peut dérouter un palais non initié. Une fois passé l'étonnement, on y revient encore et encore. Quel nez merveilleux, floral et miellé ! Le premier contact en bouche peut paraître un peu austère. La douceur du fromage est rudoyée par le côté très sec du vin et l'impression minérale qu'il dégage. Puis la complémentarité aromatique se fait jour et prend le dessus pour donner un bel accord. L'étoile s'ouvre sur la noix, la noisette et l'amande grillée et se fond au contact du mont d'or.

Vins d'accompagnement

VINS ROUGES FRUITÉS ET PEU TANNIQUES : alsace pinot noir vinifié en rouge, bourgogne d'appellation régionale, bourgogne hautes-côtes-de-nuits ou de beaune, vin-de-savoie pinot noir …

VINS BLANCS TYPÉS DU JURA : l'étoile, arbois, côtes-du-jura.

Morbier

La raie noire qui passe en son centre fait l'originalité du morbier, fruit d'une tradition fermière du Jura. D'un abord facile, il formera un accord heureux avec un arbois Pupillin rouge, ou s'il est plus mûr, avec un vin rouge de Bourgogne tel que le mercurey. Si l'on préfère les blancs, on misera sur les vins du Jura.

AOC 2000

Type
Pâte pressée non cuite
Lait cru entier ou légèrement écrémé
Fermiers
1 à 2 %
Affinage
45 jours minimum
Forme
Meule
Diamètre
30 à 40 cm
Hauteur
5 à 8 cm
Poids
5 à 8 kg
Aire
Massif du Jura (Doubs, Jura avec extensions dans l'Ain et la Saône-et-Loire)
Production
4 500 t

Entre le comté et le bleu de Gex

Dans le haut Jura, certains fermiers ne disposaient pas l'hiver d'une quantité de lait suffisante à la fabrication du comté. Le fromage du jour, élaboré comme un comté, était saupoudré de charbon de bois pilé et tamisé, probablement pour éloigner les insectes. Le fromage du lendemain était posé par-dessus et s'y agglomérait. Après affinage, la raie noire laissée par le charbon de bois persistait. Ce style de fromage s'est développé au cours du XIXe siècle aux environs de Morbier, bourg du Jura situé à quelque 800 mètres d'altitude. On l'appelait alors « septmoncel bâtard » ou « faux septmoncel », en référence au septmoncel (le bleu de Gex d'aujourd'hui), aussi renommé à cette époque que le roquefort. Le morbier apparaît comme un fromage intermédiaire entre le comté et le septmoncel.
La dénomination morbier ou bleu de Morbier apparaît en 1890. Il s'agissait d'un fromage élaboré dans les fruitières (petites coopératives fromagères) en complément du comté. Cette fabrication était confidentielle.

2000 : retour au Jura

À partir des années 1950, la production se développe dans des ateliers spécialisés qui fabriquent le morbier en toute saison. De nombreux fromages élaborés hors de la région adoptent ce nom. Le morbier est devenu une AOC en 2000. Dans quelques années, seules les fabrications issues du massif jurassien et répondant aux conditions de l'appellation pourront s'appeler morbier.

Le terroir

L'aire de production s'étend au massif jurassien, caractérisé par sa géologie calcaire et son climat montagnard ou semi-montagnard. Elle couvre toutes les communes du Doubs, la majeure partie du Jura et quelques communes de l'Ain et de la Saône-et-Loire. Sa fabrication s'est développée là où l'on produisait déjà du comté, parfois du mont d'or ou du bleu de Gex. Comme pour ces fromages, la filière a gardé une grande partie des pratiques anciennes et ne s'est guère industrialisée.
L'élevage est peu intensif. Les vaches pâturent l'été et restent à l'étable l'hiver. Ce sont des Montbéliardes, une race à robe rouge et blanche, suffisamment rustique pour s'adapter au rude climat du massif et qui donne un lait de grande qualité fromagère. Les prairies fournissent durant l'été les fourrages nécessaires au reste de l'année, complétés parfois par des céréales et des protéagineux mais jamais par des aliments issus de l'ensilage ou fermentés.

La fabrication

Comme pour les autres fromages du Jura, les fruitières assurent une part importante de la transformation. Entier ou légèrement écrémé, le lait cru est chauffé doucement à une température de 32 ou 33 °C. On y ajoute de la présure et des ferments lactiques. Le caillé est ensuite découpé et brassé afin d'obtenir des grains de la taille du maïs. Il est mis dans des moules et, après un premier égouttage, le pain ainsi constitué est coupé horizontalement en deux « rantons ». Le ranton inférieur est saupoudré de charbon végétal finement broyé qui formera la raie noire. Le second ranton est replacé par-dessus et le fromage ainsi constitué est pressé doucement pendant quelques dizaines de minutes à quelques heures. Après démoulage, les fromages sont salés en saumure. Pendant l'affinage (deux à quatre mois), ils sont placés sur des planches d'épicéa, dans des caves fraîches et humides. Ils sont retournés et frottés sur toutes les surfaces à l'eau salée, deux à trois fois par semaine au début de l'affinage et une fois par semaine ensuite.

Le service

Le morbier se présente sous la forme d'un cylindre plat, aux faces planes, au talon légèrement convexe. Le croûtage est naturel, lisse, homogène, gris clair à beige orangé. La pâte ivoire à jaune pâle est traversée au milieu par une raie noire horizontale continue. Elle présente quelques ouvertures, plus nombreuses le long de la raie noire. Souple, onctueuse, fondante, elle offre une texture très fine. Le parfum est franc, fruité, persistant, avec un léger goût de crème.
Le morbier doit être découpé verticalement sur toute l'épaisseur de la meule. Fromage de plateau, il entre aussi dans la composition de la fondue aux trois fromages (avec le bleu de Gex et le comté) et peut être consommé en raclette.

La Montbéliarde est la race privilégiée dans les prairies jurassiennes.

Le morbier et le vin

Sur un fromage jeune, le fruité du poulsard

Le petit dernier de la famille des AOC fromagères du massif jurassien n'est pas de caractère compliqué. De nombreux vins peuvent lui être associés. Sur un fromage jeune, on choisira un vin fruité et léger. Si l'on veut sacrifier à la couleur locale, un arbois Pupillin issu du cépage poulsard sera parfait. C'est grâce à la notoriété de leur production que les vignerons de Pupillin peuvent adjoindre le nom de leur commune à l'AOC arbois pour les vins récoltés sur ce petit territoire en plein cœur du vignoble arboisien. Le cépage poulsard est ici roi. Pupillin ne s'est-elle pas proclamée capitale mondiale du poulsard ? De la fraise, de la groseille et quelques épices : le registre aromatique de ce vin à la robe pelure d'oignon est en parfaite harmonie avec le goût fruité du morbier. Sa vivacité lui permet de bien s'accommoder d'un fromage à la pâte fondante, douce, souvent un peu élastique.

Sur un fromage mûr, les tanins ronds du mercurey

Avec quelques semaines de plus, le morbier devient plus puissant et plus persistant au goût. La pâte, toujours fine, devient un peu plus sèche. On peut alors sortir de la cave un vin plus consistant. On évitera cependant des vins trop corpulents ou trop tanniques qui se révéleraient trop durs à la dégustation. En Bourgogne, le pinot noir donne des vins rouges renommés qui formeront un bon accord. Le mercurey est de ceux-là. Cette appellation est produite sur trois communes de Saône-et-Loire, dans ce que l'on appelle la Côte chalonnaise. Des tanins ronds et une fine acidité supportent parfaitement la pâte du fromage tandis que les arômes de petits fruits rouges, tels que la framboise et le cassis, côtoient heureusement l'agréable goût de crème du morbier. De l'ampleur dans la rétro-olfaction mais rien de brusque ni de trop puissant : un accord dans une douceur distinguée.

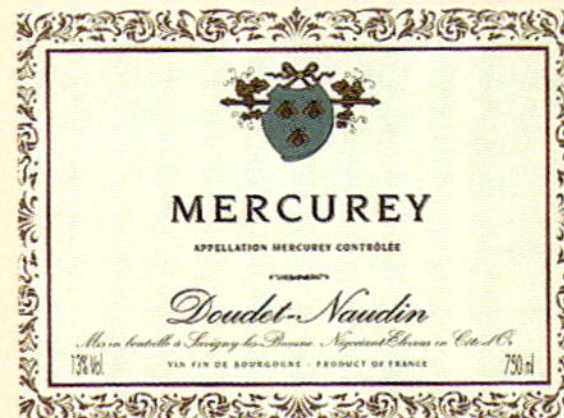

Des mariages avec les vins blancs régionaux

Bien que le morbier préfère les vins rouges, il n'est pas interdit de tenter une alliance avec un vin blanc. Mais on évitera les vins trop floraux qui seraient brimés. On tablera sur un vin local, dans les appellations arbois, côtes-du-jura ou l'étoile. On choisira un vin dit « typé », aux arômes de miel, de noix et de noisette. Le style peut sembler un peu particulier au néophyte, mais il s'adapte bien au morbier compte tenu de l'acidité du vin et du registre aromatique

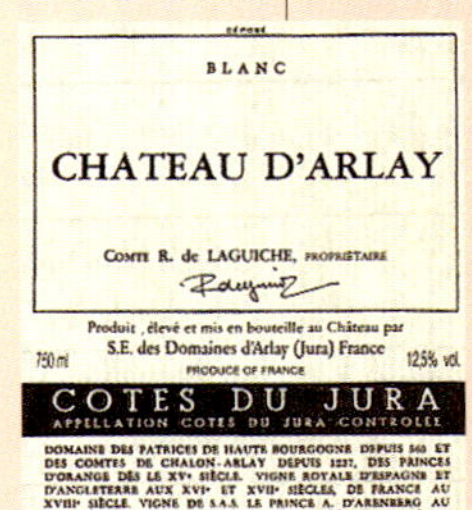

Vins d'accompagnement

VINS ROUGES LÉGERS ET FRUITÉS sur un fromage jeune : arbois Pupillin et autres AOC du Jura issues de poulsard ; alsace pinot noir ; bourgognes d'appellation régionale...
VINS ROUGES DE MOYENNE STRUCTURE sur un fromage affiné : mercurey, bourgogne côte chalonnaise, rully, bourgogne hautes-côtes-de-nuits ou de beaune...
VINS BLANCS SECS ET TYPÉS DU JURA : arbois, côtes-du-jura, l'étoile.

Munster ou munster-géromé

Impétueux fromage que le munster-géromé, produit depuis le Moyen Âge dans le massif vosgien ! Son inimitable croûte orangée recouvre un cœur onctueux aux arômes subtils qui ne demande qu'à épouser le gewurztraminer.

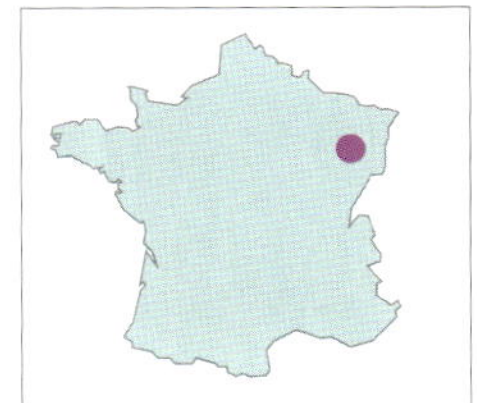

AOC 1969

Le *Munster Kaes* des bénédictins

Le nom du fromage, qui désigne aussi la vallée des Vosges où il est né, dit son origine monastique. Dès le VIIe siècle, les bénédictins du *Monasterium Confluentis* ont appris aux habitants la technique de transformation du lait en un fromage appelé *Munster Kaes*. Sous leur impulsion, les paysans ont créé des pâturages d'altitude (hautes-chaumes). La location de ces herbages se payait en nature au duc de Lorraine, à Gérardmer, ce qui explique l'autre nom du fromage, mentionné dès le Moyen Âge : Géromé (Gérardmer en dialecte vosgien). Au XVIe siècle, sa notoriété s'étendit au-delà de sa vallée d'origine. Une longue tradition et une réputation qui lui ont valu le bénéfice de l'AOC en 1969.

Le terroir : des hautes-chaumes à la plaine

L'aire géographique du munster s'étend dans les départements des Vosges, du Haut-Rhin et du Bas-Rhin (sauf quelques cantons) ; elle comprend aussi quelques communes de la Haute-Saône et du territoire de Belfort, et quelques cantons de la Moselle et de la Meurthe-et-Moselle. Par les volumes produits, le munster se classe dans les premiers fromages d'AOC. À la suite des deux conflits mondiaux, nombre de paysans se sont installés dans les vallées

Type
Pâte molle à croûte lavée
Lait cru minoritaire (16 %)

Fermiers
7 %

Affinage
21 jours

Forme
Cylindre plat

Diamètre
13 à 19 cm

Hauteur
2,4 à 8 cm

Poids
450 g

Aire
Alsace et Vosges (Haut-Rhin, Bas-Rhin, Vosges avec extensions dans les départements limitrophes)

Production
8 100 t

Après décaillage (ci-dessus), le caillé est divisé en petits cubes et mis en moules cylindriques (ci-contre).

et les plaines, et les exploitations se sont spécialisées. Certains fermiers pratiquent encore l'estive sur les hautes-chaumes, de la Saint-Urbain, en mai, à la Saint-Michel, en septembre. Ils vendent directement leurs fromages aux touristes sur l'exploitation et dans des fermes-auberges.
La fabrication du munster se fait à partir de lait de vache. Trois races sont bien représentées : la Vosgienne, la Prim'Holstein et la Montbéliarde. Le troupeau pâture en été la flore variée du massif vosgien ; en hiver, il est nourri de foin, de regain et parfois d'ensilage.

La fabrication

Le munster est un fromage à pâte molle et à croûte lavée. Pour produire un kilogramme de fromage, il faut en moyenne 10 litres de lait. La fabrication a lieu une fois par jour, mais quelques fermiers transforment encore après chaque traite. Le lait provenant de la traite du matin, non écrémé, est mélangé au lait de la veille, écrémé. Il est légèrement chauffé entre 32 et 36 °C avant d'être emprésuré. Le caillé qui se forme est divisé en petits cubes. Il est ensuite mis en moules cylindriques pour l'égouttage. Après le démoulage débute l'affinage. On sale le fromage en le trempant dans une saumure ou en saupoudrant de sel ses faces et son talon. On le met en cave, dont l'air très humide est chargé d'une flore spécifique. Chaque fromage est frotté tous les deux jours environ avec de l'eau salée, pendant une période de quatorze jours pour les petits formats et de vingt et un jours minimum pour les grands. Grâce à l'atmosphère de la cave et à la présence de fromages plus âgés, le ferment du rouge (*Bacterium linens*) se développe avec diverses levures et bactéries. Le fromage prend alors peu à peu sa couleur caractéristique, s'assouplit et acquiert sa saveur typique. L'affinage, très délicat, dépend de l'équilibre de la flore bactérienne propre à chaque cave.

Le service et les saisons de dégustation

La croûte du munster est lisse, jaune à rouge orangé, parfois légèrement poisseuse. La pâte, blanche à ivoire, offre une texture souple mais le cœur reste légèrement friable lorsqu'il est peu affiné. Son goût est alors frais et un peu lactique. Plus âgé, le fromage devient onctueux et subtil. Ainsi, selon les préférences de chacun, il sera servi affiné à cœur ou partiellement, avec des graines de cumin.

Le munster est commercialisé tout au long de l'année, bien que ce produit de caractère soit plus difficile à consommer en été. Il se déguste seul, mais aussi en quiche, en omelette ou sur des pommes de terre en robe des champs.

À côté du grand format, il existe un « petit munster » (de 7 à 12 centimètres de diamètre pour 120 grammes).

Munster fermier et munster laitier

Le munster regroupe des fabrications au lait cru (en majorité fermières) et des productions industrielles au lait pasteurisé. L'affinage est réalisé soit à la ferme, soit par des affineurs, ou encore par les industriels eux-mêmes. La production est assurée par dix sociétés de transformation, quatorze affineurs et cent douze producteurs fermiers. La production au lait cru se développe.

Le munster et le vin

Mariage risqué avec les vins rouges !

Quels effluves ! Mais comme beaucoup de fromages à croûte lavée, le munster se montre beaucoup plus démonstratif au nez qu'en bouche. Tenter le mariage avec un vin rouge est risqué, surtout lorsqu'il s'agit d'un munster très typé. Ce style de fromage a en effet une fâcheuse tendance à « casser » le vin, à lui donner un goût dur, métallique. De cette confrontation, le fromage risque aussi de sortir blessé et d'exprimer son amertume, au propre et au figuré ! Si l'on tient au vin rouge, on tablera plutôt sur des vins charpentés mais pas trop tanniques, de Bourgogne ou de la vallée du Rhône.

À chaque âge son gewurztraminer

Le plus connu des vins d'Alsace est particulièrement aromatique. Il peut être sec, contenir plus ou moins de sucres résiduels jusqu'à devenir liquoreux (vendanges tardives ou de sélection de grains nobles). Plus le fromage est puissant, plus le vin doit être corsé et/ou riche en sucres. Le munster jeune a une croûte légèrement rosée. Si son odeur est forte, en bouche, loin d'être agressif, il offre une pâte douce, souple et onctueuse, quelque peu acidulée avec des notes lactiques. Un gewurztraminer sec ou à peine sucré, aux notes florales (rose) ou exotiques (litchi) forme un accord frais, juvénile.

Sur un fromage affiné, des vendanges tardives

Dans sa version affinée, notamment dans les productions fermières, le munster aime le contact de l'alcool et du sucre. On peut alors s'offrir le luxe de vendanges tardives. Les teintes des deux produits ont monté d'un cran : jaune doré pour le vin et jaune ou rouge orangé pour le fromage. Le gewurztraminer donne une impression de richesse et de chaleur face à la défiance olfactive du munster. L'harmonie se révèle en bouche, entre un fromage onctueux, subtil, et un vin qui donne dans le miel, les épices, et encore dans la rose et les agrumes. L'ensemble n'a rien de pâteux grâce à l'équilibre entre les saveurs acides, sucrées et l'alcool. Un beau voyage aromatique en perspective...

Vins d'accompagnement

VINS BLANCS : gewurztraminer (sec avec un fromage jeune, de vendanges tardives avec un fromage affiné) ; vouvray.
VINS ROUGES DE MOYENNE STRUCTURE : bourgognes ou côtes-du-rhône (accord plus risqué).

Neufchâtel

AOC 1977

Type
Pâte molle
à croûte fleurie
Lait cru
majoritaire
(90 %)
Fermiers
55 %
Affinage
10 jours
minimum
Forme
6 formes
dont le cœur
Hauteur
2,4 à 6,5 cm
Poids
100 g, 200g,
600 g
Aire
Pays de Bray en
Seine-Maritime
Production
1000 t

C'est des vertes prairies du Pays de Bray, en Haute-Normandie, que provient le neufchâtel. Un fromage popularisé sous sa forme de cœur. Une bien agréable présentation pour ce produit d'une grande douceur, à la saveur légèrement salée. Le bourgueil trouve toujours grâce à ses yeux.

Le Pays de Bray

Le Pays de Bray est situé en Haute-Normandie, à 100 kilomètres au nord-ouest de Paris, à 50 kilomètres au nord de Rouen, aux confins de la Seine-Maritime et de l'Oise. Dépression très vallonnée, d'apparence bocagère, il contraste avec les plaines et plateaux crayeux qui l'entourent par sa pluviométrie abondante et ses terrains argileux.
Le climat océanique permet à l'herbe de rester verte pendant plus de deux cents jours par an, et la région est l'un des plus anciens pôles herbagers de la Normandie, avec le Pays d'Auge et le bassin d'Isigny.

Le développement du pâturage

À l'origine pourtant, le bétail était confiné aux bois et aux jachères. C'est au XVIIIe siècle, lorsque les prairies se sont développées aux dépens des cultures, que la vocation fromagère du Pays de Bray s'est pleinement affirmée. Au cours de la première moitié du XIXe siècle, les herbages furent clos de haies.
Depuis le début du XXe siècle, la production de foin permet de surmonter le déficit en herbe pendant l'hiver et lors d'éventuelles sécheresses estivales. La production de chaque pré est désormais appréciée en fonction de la saison, de la nature du sol, de son microclimat, de sa position par rapport aux bâtiments de la ferme. À chaque parcelle doit correspondre, pour une durée limitée, un nombre d'animaux de type et d'âge déterminés. Les vaches sont les célèbres Normandes, au lait riche en protéines et en matières grasses.

Région humide, le Pays de Bray s'est couvert d'herbages au XVIIIe siècle.

Moulage du neufchâtel. Le fromage peut aussi revêtir d'autre formes plus conventionnelles (carré, briquette, bonde...)

Grandeur et décadence du neufchâtel

Au XIXe siècle, grâce au développement des transports, le neufchâtel connut une fortune considérable. Son importante teneur en sel permettant de le conserver longtemps, on le trouvait sur les marchés parisiens, en Belgique, en Grande-Bretagne et jusque dans les colonies de l'empire français.

Avec l'essor d'une production fromagère industrielle, après la Seconde Guerre mondiale, il souffrit de la concurrence de nombreux fromages fabriqués en dehors du Pays de Bray. En 1965, la délégation américaine de la Fédération internationale de laiterie demanda même l'homologation d'un fromage dénommé Neufchâtel ! Les producteurs du Pays de Bray réagirent et finirent par obtenir, en 1977, une AOC pour le neufchâtel. Aujourd'hui, dans une Normandie riche d'une puissante industrie fromagère, le neufchâtel est élaboré pour plus de la moitié de son tonnage par des producteurs fermiers (une trentaine). Trois industriels fabriquent aussi de gros volumes de cette spécialité.

La fabrication

La technique de fabrication du neufchâtel est proche de celle des fromages frais, mais elle privilégie le lait cru. La coagulation du lait, mis en œuvre encore chaud, est réalisée par ajout de présure ; les bactéries lactiques travaillent lentement, entre vingt-quatre et quarante-huit heures. Le gel obtenu est porté à une température plus fraîche pour qu'il s'égoutte de son sérum. Pour l'y aider, on le place dans des toiles et on le presse légèrement pendant quelques heures. Le caillé est pétri et salé, puis ensemencé avec un fromage d'une fabrication précédente. Enfin, il est moulé dans l'un des formats traditionnels de cette appellation : le cœur ou la briquette, ou plus rarement la bonde ou le double cœur.

Les fromages sont affinés dans des caves très humides et fraîches (de 12 à 14 °C). Autrefois en brique, celles-ci sont désormais constituées de panneaux en plastique qui répondent mieux aux exigences sanitaires. L'affinage dure au moins dix jours, mais peut se prolonger jusqu'à quatre mois. Le fromage acquiert son caractère sous l'action d'une moisissure : *Penicillium candidum*.

Le service et les saisons de dégustation

Le neufchâtel est à mi-chemin entre le fromage frais et le camembert de Normandie. Douze jours après la traite, il se caractérise par une couverture blanche, une pâte friable, un équilibre en bouche frais où se mêlent saveurs acides et salées, arômes de crème et de lait. Plus l'affinage est long, plus la croûte se couvre de taches dues aux ferments du rouge et plus la texture devient fondante. La fraîcheur laisse place à des arômes plus prononcés, plus animaux. Fromage de plateau, le neufchâtel constitue aussi un agréable en-cas avec du pain ou des fruits secs. Il peut également, surtout s'il est très affiné, être malaxé avec de la crème ou du beurre et relevé avec du poivre ou un peu d'ail. Au réfrigérateur, il se conserve plusieurs semaines, enveloppé dans du papier aluminium ou dans un film plastique. On le sortira deux à trois heures avant de le déguster. La meilleure saison du neufchâtel ? Vers mai ou juin, lorsque le lait exprime la richesse des herbages du Pays de Bray.

Le neufchâtel et le vin

Sous le charme d'un bourgueil…

A-t-on jamais vu fromage aussi séducteur que le neufchâtel dans sa forme de cœur ? On pénètre dans son univers sans aucune difficulté. Sa croûte est toute fine, à peine recouverte d'un léger duvet blanc. Les fromages jeunes dégagent une délicate odeur lactée. Le contact avec la pâte est très doux, malgré une saveur salée dominante. Un arôme de noisette se rappelle aux papilles, de

façon toujours subtile. Une telle douceur est presque étonnante. Elle demande un vin tout en finesse et en légèreté, comme le bourgueil. C'est un vin du Val de Loire, né dans cette partie de Touraine qui confine à l'Anjou. Assez léger lorsqu'il est issu des graves des terrasses de la Loire, il est plus tannique s'il provient d'un terroir de tuf.

À fromage jeune, vin souple de terrasses

Sur un fromage jeune, mieux vaut privilégier un vin issu de terrasses. On le choisira plutôt jeune pour recueillir un maximum de fruité et de fraîcheur. La robe est couleur cerise, le nez libère une gamme aromatique dans le registre de la groseille, de la framboise ou de la griotte. La bouche, tout en souplesse et en légèreté, donne un bel accord avec le neufchâtel sur un ton très fruité. Aucun des deux produits ne trahit l'autre : les saveurs salées et légèrement acidulées du fromage se trouvent en harmonie avec la bouche fraîche du vin. Un mariage fait pour accompagner le repas d'un dimanche des premiers jours d'automne où la douceur est encore présente.

À fromage âgé, vin structuré

Un neufchâtel plus âgé voit sa croûte colorée par les ferments du rouge. Sans être agressif, il devient plus puissant en bouche. On retrouve la même saveur salée, mais avec une texture plus moelleuse. À ce stade, un bourgueil provenant de tuf sera tout indiqué. Sa structure plus solide sera à même d'accompagner un neufchâtel à pleine maturité. Ses tanins, enveloppés dans une matière charnue, s'accommodent parfaitement de la présence plus affirmée du fromage. Avec des vins de quelques années, les fruits cuits, le sous-bois ou le cuir donneront à l'accord un ton plus généreux.

Vins d'accompagnement

VINS ROUGES DE LOIRE, plus ou moins tanniques en fonction du degré d'affinage du fromage : bourgueil, saint-nicolas-de-bourgueil, chinon, anjou, anjou-villages, anjou-villages-brissac, saumur, saumur-champigny…

Ossau-iraty

Fruit d'une tradition remontant à l'Antiquité, l'ossau-iraty trouve son berceau dans les Pyrénées, au sein de la vallée d'Ossau en Béarn et de la forêt d'Iraty en Pays basque. Les accords locaux seront à l'honneur : harmonie fraîche avec un irouléguy blanc, plus solide avec un vin rouge du même vignoble basque.

AOC 1980

Les bergers du néolithique

On trouve trace de l'activité pastorale dans les Pyrénées dès le néolithique. Les sources postérieures, tant latines que médiévales, en confirment l'importance. Au XIVe siècle, le fromage de brebis était ainsi la principale source de revenu des propriétaires de troupeaux et des bergers. Cette activité s'appuyait sur une organisation pastorale originale : les prairies des vallées basques et béarnaises constituaient un patrimoine foncier collectif géré par les communautés. La région ayant toujours eu une tradition fromagère fermière, ce n'est que depuis les années 1960 que la production dite laitière s'est développée. Le fromage a été reconnu en appellation d'origine contrôlée en 1980. Sa production, en régulière progression, est assurée par neuf laiteries et quatre-vingt-une exploitations fermières.

Le terroir et l'élevage

L'aire géographique de l'appellation occupe toute la partie occidentale des Pyrénées, ce qui correspond à une grande partie des Pyrénées-Atlantiques, avec quelques extensions dans les Hautes-Pyrénées. Les pâturages sont très variés, des prairies d'altitude béarnaises aux vastes herbages des coteaux basques. Le climat océanique est à l'origine d'herbages abondants, parsemés

Dès l'Antiquité, une recette éprouvée

Au Ier siècle après J.-C., le poète Martial, d'origine ibérique, mentionne la présence de fromages des Pyrénées sur les marchés de Toulouse. À la même époque, le géographe grec Strabon décrit avec précision la fabrication des fromages de brebis ; il relate la pratique originale du réchauffage pour l'empresurage à l'aide de boules de calcaire chauffées dans la braise puis immergées dans le lait contenu dans des bacs en bois.

Type
Pâte pressée non cuite
Lait cru minoritaire (7 %)

Fermiers
6 %

Affinage
3 mois

Forme
Cylindre

Diamètre
18 à 28 cm

Hauteur
7 à 15 cm

Poids
2 à 7 kg

Aire
Pyrénées-Atlantiques avec extensions dans les Hautes-Pyrénées

Production
2 600 t

de plantes odorantes telles que la gentiane, et favorise la transhumance des troupeaux vers les estives (pâturages de montagne). Trois races ovines locales, bonnes laitières, ont été retenues pour leur adaptation aux conditions naturelles ; la Basco-Béarnaise, apte aux longs parcours en montagne, fréquente les reliefs du Béarn ; au Pays basque, on rencontre la Manech tête rousse, plus trapue, qui supporte facilement la chaleur des coteaux, et la Manech tête noire, endurante aux rigueurs de l'altitude. Durant la période hivernale, ces brebis sont nourries de fourrage et de céréales.

La fabrication

Pour produire 1 kilogramme d'ossau-iraty, il faut 5 à 6 litres de lait de brebis. Ce lait est transformé toutes les deux traites chez les fermiers ou au plus tard quarante-huit heures après la traite la plus ancienne pour la fabrication laitière. Il est chauffé entre 28 et 35 °C avant emprésurage.
Le caillé obtenu est brisé et brassé au fouet jusqu'à ce qu'il devienne laiteux. Après égouttage, le gâteau de caillé est découpé en portions, puis finement divisé. Il peut être chauffé à 45 °C pendant trente minutes. Les portions ainsi préparées sont mises dans des moules perforés qui permettent l'égouttage par pressage manuel ou mécanique. L'égouttage dure de trois à vingt-quatre heures. Après une fermentation lactique limitée, le fromage est salé au gros sel ou en saumure. Ensuite, il séjourne pendant plusieurs semaines en cave. Durant l'affinage qui dure quatre-vingt-dix jours minimum pour le format standard, le fromage est retourné aussi fréquemment que nécessaire. Au terme de cette période, l'ossau-iraty doit être ferme, et la texture peut être onctueuse ou dure.

Un pâturage d'estive.

Le service et les saisons de dégustation

L'ossau-iraty se consomme toute l'année, mais celui produit avec la flore du printemps et de l'été est meilleur. Rehaussant avec éclat un plateau de fromages, il sait aussi combler un petit creux. Il peut même se déguster au dessert avec de la confiture de coings ou de cerises noires, à la manière basque. On l'appréciera tendre et doux comme les Béarnais, ou plus affiné comme les Basques. Il devra être servi chambré, tel un bon vin : on le sortira au moins une heure avant de le consommer. L'ossau-iraty apporte aussi une touche originale à de nombreuses préparations culinaires froides ou chaudes : la salade frisée aux gésiers confits, le gratin de pomme de terre, les escalopes de veau.

L'ossau-iraty et le vin

Aux environs d'Ainhoa, au Pays basque, dans l'aire de l'ossau-iraty..

Une alliance tonique avec un irouléguy blanc

Avec l'ossau-iraty, on peut voir la vie en rouge ou en blanc en le mariant avec l'appellation voisine irouléguy. Si le vignoble est restreint – il s'étend sur 200 hectares et trois communes, Irouléguy, Saint-Étienne-de-Baïgorry et Anhaux – il jouit d'une notoriété ancestrale grâce à sa situation proche des routes de Saint-Jacques-de-Compostelle, et d'une diffusion nationale, grâce à la cave coopérative. Le terroir aux sols variés, calcaires, schistes, argiles plus ou moins associées à des cailloux, s'inscrit dans un paysage pentu, magnifique, où les vignes plantées en terrasses côtoient les prés, dominant de petits hameaux aux maisons toutes blanches. Située en zone de montagne, cette région subit pourtant une influence océanique marquée.

L'accord entre l'ossau-iraty et l'irouléguy blanc est sans doute le plus flatteur, le plus riant. Minoritaires dans l'appellation, les vins blancs, élaborés à partir des cépages courbu, gros et petit mansengs, s'apprécient plutôt dans leur jeunesse. Le vin, pourvu d'une acidité de bon aloi, souligne la fraîcheur de la pâte de l'ossau-iraty. Une impression fraîche encore accentuée par les notes de fruits et de fleurs que libèrent de concert le vin et le fromage. L'irouléguy apporte une touche moderne de fruits exotiques, de fleurs et de miel qui s'accorde avec le goût fruité, les saveurs de noisette de l'ossau-iraty.

Une alliance sérieuse avec un irouléguy rouge

L'irouléguy rouge est lui aussi parfumé mais il donne un accord plus austère. Issu des cépages tannat, cabernet franc et cabernet-sauvignon, c'est un vin solide. La teinte est profonde, à reflets pourpres. Au nez, fruits rouges et fruits noirs côtoient les épices. La bouche est structurée, concentrée. Un volume qui n'empêche pas la finesse aromatique. Les tons fruités, comme la griotte très mûre, et les accents épicés trouvent un écho dans un ossau-iraty plein d'arômes. On n'ouvrira que des bouteilles de quatre ou cinq ans pour que les tanins aient eu le temps de se fondre. Trop de présence tannique tuerait le côté subtil du fromage.

Vins d'accompagnement

VINS BLANCS SECS NERVEUX ET FRUITÉS : irouléguy, jurançon sec, crozes-hermitage.

VINS ROUGES STRUCTURÉS : irouléguy, madiran vieilli, côtes-de-saint-mont.

Pélardon

AOC 2000

La famille des fromages de chèvre compte une AOC de plus : le pélardon. Son terroir se trouve sur la bordure sud du Massif central, entre Montagne Noire et Cévennes. L'accord avec des vins rouges, fruité sur un costières-de-nîmes, plus solide sur un saint-chinian, est de ton méridional.

Type
Fromage de chèvre
Lait cru et entier
Fermiers
53 %
Affinage
11 jours
Forme
Palet
Diamètre
6 à 7 cm
Hauteur
2,5 cm
Poids
60 g minimum
Aire
Rebord sud du Massif central
Production
310 t

Relancé par les néo-ruraux

Pline l'Ancien, dans son *Histoire naturelle*, mentionne les fromages de la contrée de Nîmes, tenus en haute estime à Rome. S'agit-il des ancêtres du pélardon ? Rares sont les allusions au fromage de chèvre antérieures au XVIe siècle. Fabriqué dans des fermes vivant en autarcie, moyen de subsistance d'une population pauvre, le produit ne suscite guère l'intérêt des lettrés.
On en trouve d'abord mention sous la plume d'érudits locaux, puis d'auteurs régionalistes. L'abbé Boissier de Sauvages (1756) évoque ainsi dans son *Dictionnaire languedocien-français* le *péraldoù*, « petit fromage rond et plat qu'on fait dans les Cévennes et auquel on donne un goût piquant et poivré ». Puis c'est au tour de Frédéric Mistral, dans son *Dictionnaire provençal*, de citer le *pelardou*, avant que J.-P. Chabrol n'en fasse l'éloge.
Cependant, l'effectif caprin régresse tout au long du XXe siècle, parallèlement à la spécialisation et à la modernisation des exploitations. Il faut attendre les années 1970, et l'arrivée des néoruraux pour redonner à la production de pélardon un nouvel élan qui s'est traduit par la reconnaissance du pélardon en appellation d'origine contrôlée.

Un terroir de montagne et de garrigue

Les élevages caprins du Languedoc-Roussillon sont situés à plus de 80 % en régions dites défavorisées. Il s'agit principalement de secteurs de montagnes et de garrigue, situés sur le rebord sud du Massif central. L'altitude dépasse les 1 000 mètres dès les Causses lozériens, relief tabulaire calcaire dominé par les massifs cristallins du mont Lozère et du mont Aigoual. La Montagne Noire, à l'ouest, et le massif des Corbières, au sud, forment les limites de la zone.
Le climat est méditerranéen.
Cette situation géographique n'est pas sans influence sur les formations végétales : forêt (chêne, châtaignier, pin) parfois, et plus encore ses formes dégradées : maquis sur sol acide et garrigue sur sol calcaire.

L'élevage

Trois races de chèvres, Alpine, Saanen et Rove, sont utilisées pour la production de lait. Leur alimentation est liée au pastoralisme. Un complément sous forme de céréales, de tourteaux ou d'aliments concentrés est nécessaire pour assurer une production suffisante, mais l'ensilage, les crucifères ou les déchets de légumes sont proscrits. Une surface de 0,2 ha par chèvre de parcours ou de pâturage

est obligatoire et le hors-sol est interdit. La production du pélardon fait vivre quatre cent soixante-dix-huit producteurs.

La fabrication

Le pélardon est réalisé à partir de lait de chèvre cru et entier. Il en faut entre 0,6 et 0,7 litre pour faire un fromage. Le lait est ensemencé en ferments lactiques, à partir de lactosérum issu de la fabrication précédente. L'emprésurage s'effectue soit après chaque traite, soit une fois par jour, à l'aide de présure d'origine animale. La durée de coagulation varie avec la saison et la température, mais elle doit être supérieure à dix-huit heures et permettre d'obtenir un pH de 4,5 au moulage.

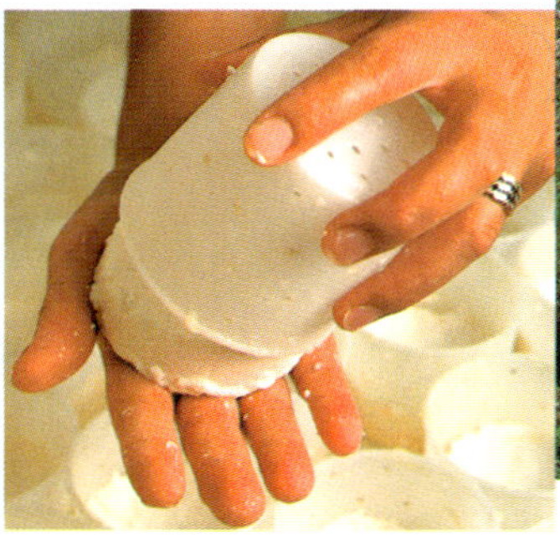

Petit palet de chèvre, le pélardon naît dans des zones pauvres de la bordure sud du Massif central.

Le pélardon et le vin

Sur un pélardon jeune, un costières-de-nîmes souple

Le pélardon n'échappe pas à la règle d'un accord fondé sur le degré d'affinage des fromages. Jeune, il montre une belle croûte couleur crème. Il dégage des odeurs de sous-bois et de champignon puis, à la coupe, de lait de chèvre frais et de crème. En bouche, le caractère caprique jeune et frais, mais généreux, l'emporte, dans une texture souple et fondante. Face à cet ensemble juvénile, on recherchera un vin fruité et gouleyant de caractère méridional. On trouvera ce type à proximité de l'aire d'appellation du pélardon : c'est le costières-de-nîmes. Il est issu des cépages traditionnels du Languedoc, carignan, cinsault et surtout grenache, syrah et mourvèdre, plantés sur des sols caillouteux. Les vins sont solides s'ils naissent près de la Camargue et plus souples du côté des garrigues. On privilégiera donc ces derniers. Les fruits rouges (cerise), souvent accompagnés d'épices et de fruits cuits, se mêlent aux notes capriques du fromage, sur un ton léger. Une belle complémentarité se révèle aussi avec la saveur légèrement acide du pélardon.

Vins d'accompagnement

VINS ROUGES DU MIDI : fruités et légers sur un fromage jeune (costières-de-nîmes, côtes-du-vivarais, certains côtes-du-rhône...) ; structurés sur un fromage affiné (saint-chinian, faugères, gigondas, châteauneuf-du-pape, côtes-du-roussillon-villages, patrimonio...)

Sur un pélardon affiné, un saint chinian solide

Avec l'âge, le pélardon a tendance à bleuir et peut devenir un peu coulant, sans croûte. Son goût apparaît plus puissant, dans un registre de noisette, de garrigue. Les notes capriques se font plus intenses et le côté piquant s'accentue. Il faut alors solliciter un vin structuré et aromatique, tel le saint-chinian produit en Languedoc, entre les AOC minervois et faugères. Né de sols schisteux, ce vin exprime des notes empyreumatiques et se montre assez rond en bouche ; issu d'argilo-calcaires, il livre des notes de fruits et de garrigue, se révèle plus tannique et évolue plus lentement. L'influence de l'encépagement est également très nette : le grenache, la syrah et le mourvèdre apportent ce qu'il y a de meilleur à l'assemblage. Confronté au pélardon, le saint-chinian ne laisse pas sa solidité de côté mais son caractère tannique est adouci. Dans une bouche structurée, l'alliance aromatique sur des tons méridionaux chauds et épicés se savoure longuement.

Les fromages sont moulés manuellement à la louche dans des moules percés. L'égouttage spontané dure quarante-huit heures pendant lesquelles les fromages sont retournés. Suit le salage, effectué sur les deux faces au sel sec. L'affinage doit durer onze jours à compter de l'emprésurage, les fromages étant retournés tous les deux jours. À la fin de cette période, le pélardon pèse au minimum 60 grammes. Sa croûte est fine, couverte en partie ou en totalité de moisissures jaune pâle, blanches ou bleues. La pâte est de couleur blanche à ivoire, de texture homogène et d'aspect lisse à la coupe. Elle peut devenir cassante lorsque l'affinage est prolongé.

Le service

Comme la plupart des fromages de chèvre, le pélardon se conserve dans le bas du réfrigérateur ou même dans le bac à légumes. Il faut toujours surveiller son évolution pour éviter une dessiccation trop importante. Peu affiné, il a le goût de chèvre frais. Plus sec, il rappelle sa garrigue d'origine et dévoile des notes beaucoup plus piquantes et relevées qui font son originalité. Compte tenu de son petit format, on peut le couper en deux et le consommer par moitié. Fromage de plateau, le pélardon se consomme plutôt en fin de repas. Mais il agrémente facilement de petits casse-croûtes et se consomme aussi chaud, pané, grillé et sur un lit de salade.

Pérail

Lou Perahl : un petit fromage de brebis à pâte molle né dans les montagnes sèches du sud du Massif central, comme le célèbre roquefort. Consommé d'abord localement, il suscite un intérêt croissant parmi les amateurs de produits du terroir. Un coteaux-du-languedoc des crus de Saint-Saturnin ou Montpeyroux, puissant et élégant, ou un côtes-de-provence aromatique et frais l'accompagneront avec bonheur.

Un fromage familial au pays du roquefort

Dans le sud du Massif central, les ovins sont à la source de la vie pastorale. On pense que l'origine du pérail se trouve dans le *lapetch*, ce fromage qui était fabriqué à partir de lait caillé naturellement. Progressivement, les bergers en auraient amélioré les techniques de fabrication en utilisant des moules ou de la présure.

L'histoire du pérail est également liée à celle du roquefort. Le lait de brebis était d'abord utilisé pour cette production majeure. Les surplus étaient employés à la fabrication d'un fromage réservé à la consommation familiale ou locale. La vente sur les marchés se développait à l'automne, à la fermeture annuelle des laiteries de Roquefort, avant que les brebis ne se tarissent complètement. Ces habitudes étant tombées en désuétude, le pérail n'était plus fabriqué que par quelques rares fermiers. Il a récemment investi les grandes zones de consommation. Cet essor rapide s'explique par la mise en place d'ateliers de production par des fabricants laitiers collectant le lait de plusieurs éleveurs. Les producteurs ont demandé à bénéficier d'une appellation d'origine contrôlée.

Le terroir et l'élevage

Le pérail n'est pas ingrat : sa grande douceur, son fondant tranchent avec le terroir qui l'a vu naître. En effet, les Grands Causses, les monts de Lacaune et les contreforts des Cévennes ne sont pas d'une approche facile : terres arides, végétation rare, vastes étendues balayées par les vents et soumises à une double influence climatique, méditerranéenne et océanique. Établis dans les départements de l'Aveyron, de la Lozère, du Gard, de l'Hérault et du Tarn, ce sont aujourd'hui une dizaine de producteurs fermiers et quatre fabricants laitiers qui élaborent le pérail. La reine de ce pays rude est la brebis Lacaune. Cette race, qui doit son nom à une petite ville située au cœur des monts de Lacaune dans le Tarn, est issue de plusieurs populations aujourd'hui disparues. Laitière hors pair, elle produit environ 250 litres en 180 jours de lactation. Ce n'est qu'après le sevrage des agneaux, environ un mois après l'agnelage, que la traite peut commencer.

La fabrication

Seul le lait de brebis peut être utilisé pour la production du pérail. Employé cru par les fermiers, il peut aussi être pasteurisé. En revanche, il

Type
Pâte molle
à croûte fleurie
Lait entier,
cru ou pasteurisé
Fermiers
4 %
Affinage
10 jours
Forme
Palet
Diamètre
8 à 11 cm
Hauteur
Moins de 2 cm
Poids
90 à 180 g
Aire
Sud du Massif central
(Aveyron, Lozère,
Gard, Hérault et Tarn)
Production
1 200 t

n'y a pas d'écrémage : le lait est travaillé entier. Chaque producteur a son tour de main. Le fait que le pérail soit resté jusqu'à un passé récent un fromage d'autoconsommation explique une certaine variabilité dans les méthodes de fabrication. En tout cas, s'il demande beaucoup d'attention, le pérail est vite prêt à consommer : son affinage ne dure qu'à peine une dizaine de jours.

Le service et les saisons de dégustation

Le pérail fait partie des rares fromages de brebis à pâte molle. De forme ronde, il présente une croûte fine et si fragile qu'on doit le traiter avec une attention particulière. L'amateur dégustera cette croûte avec délectation. La pâte est blanche, souple, et se fait de plus en plus onctueuse au fil des jours, au point de se transformer en une épaisse crème ivoire quand le fromage atteint sa plénitude.
Le goût est subtil, lactique quand le fromage est jeune, plus sauvage au bout d'une quinzaine de jours.

Petit fromage de brebis à pâte molle, le pérail est fabriqué dans la région du roquefort.

Le pérail et le vin

En rouge, un accord « nature » avec un coteaux-du-languedoc

Au pied du pays du pérail, les coteaux du Languedoc s'ouvrent sur la Méditerranée. Ils produisent des vins rouges, rosés ou blancs qui s'affirment sur le marché. Dans leur jeunesse, les premiers expriment une nature fruitée et épicée qui s'accorde avec grâce au pérail. À l'appellation générale coteaux-du-languedoc peuvent être ajoutées onze dénominations particulières. Ainsi, sur l'une des routes qui mènent vers les terres des brebis – celle qui va de Montpellier à Millau – dans les éboulis provenant des falaises calcaires du Larzac, les terroirs de Saint-Saturnin et de Montpeyroux donnent des vins puissants mais élégants qui accompagnent parfaitement le pérail. Malgré sa douceur et sa délicatesse, le petit fromage n'est pas dominé par le coteaux-du-languedoc. Sa pâte fondante, peu salée et fine s'exprime sans réserves. Très frais, sans acidité, le pérail donne l'occasion au vin de s'ouvrir sur une bouche structurée par des tanins chaleureux, aux arômes de framboise, de cassis et d'épices. Un accord simple, très « nature », que l'on voudrait goûter un dimanche d'automne sur les causses.

En blanc, la vivacité d'un côtes-de-provence blanc

Le pérail peut aussi s'accommoder d'un vin blanc. Célèbre par ses rosés, la vaste appellation côtes-de-provence (quatre-vingt-quatre communes dans les départements des Bouches-du-Rhône, du Var et des Alpes-Maritimes) recèle des vins blancs qui s'entendent avec le pérail. Une production minoritaire (5 % de l'AOC) issue des cépages rolle, ugni blanc, clairette et sémillon. Les vins sont à boire jeunes. Leur robe jaune pâle à reflets verts s'accorde bien aux tons ivoire du pérail. L'odeur de lait de brebis du fromage forme une belle alliance avec les senteurs florales et fruitées du vin ; la fraîcheur des agrumes et la finesse de la noisette sont autant d'atouts aromatiques pour le côtes-de-provence. Structuré, charpenté, il demeure néanmoins très frais et donne un ton de vivacité dans la rencontre avec un pérail très doux. On pourra aussi se laisser tenter par un vin rosé. L'accord, gouleyant, sera également marqué par des tons frais.

Vins d'accompagnement

VINS ROUGES DU MIDI, CHALEUREUX ET STRUCTURÉS : coteaux-du-languedoc, minervois, saint-chinian, faugères, côtes-du-roussillon villages, certains côtes-du-rhône…

VINS BLANCS SECS STRUCTURÉS : côtes-de-provence, cassis, côtes-du-rhône, lirac, saint-joseph…

VINS ROSÉS : côtes-de-provence.

Picodon

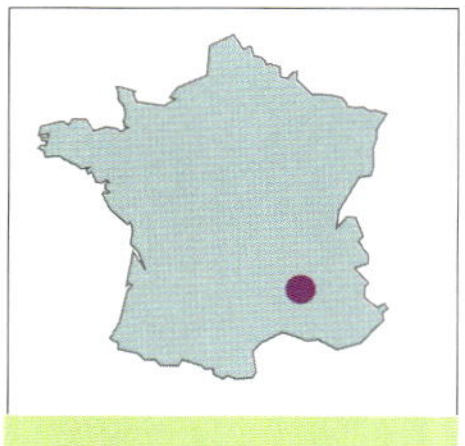

AOC 1983

Type
Fromage de chèvre
Lait cru minoritaire (35 %)

Fermiers
32 %

Affinage
14 jours à 1 mois (méthode Dieulefit)

Forme
Palet

Diamètre
4,5 à 7 cm

Hauteur
1,3 à 2,5 cm

Poids
45 à 60 g

Aire
Montagnes de l'Ardèche et de la Drôme, avec extensions dans le Gard et le Vaucluse

Production
400 t

C'est avec le lait des chèvres de la Drôme et de l'Ardèche que l'on fait le picodon. Ce petit palet, consommé jeune, forme une alliance régionale des plus sympathiques avec le châtillon-en-diois. Plus sec, ou affiné « à la Dieulefit », il appréciera la saveur et les arômes d'un autre vin rhodanien, le crozes-hermitage blanc.

Les collines de la Drôme et de l'Ardèche

De part et d'autre du sillon rhodanien, sous un climat qui prend des accents méridionaux avec une longue saison sèche, des collines accidentées forment le piémont du Massif central sur la rive droite, et des Alpes sur la rive gauche. Dès l'Antiquité, des troupeaux de chèvres y gambadaient, broutant sans vergogne les jeunes pousses et provoquant périodiquement l'ire des autorités locales. En 1860, le cheptel caprin de l'Ardèche était le premier de France tandis que celui de la Drôme se classait au troisième rang. Il était surtout constitué de petits troupeaux familiaux. Aussi, jusqu'au XIXe siècle, le fromage de la région, connu sous le nom de picodon ou de tomme, était-il presque exclusivement destiné à l'autoconsommation. En été, les picodons produits en excédent étaient conservés dans des jarres de terre jusqu'à l'hiver où ils étaient régulièrement lavés pour assouplir la pâte. Ce fromage typique a bénéficié d'une AOC en 1983 sous le nom de picodon de l'Ardèche ou picodon de la Drôme, abrégé en picodon depuis 2000. Désormais, le nom est réservé aux fromages respectant les conditions de production de l'appellation.

D'où vient le nom ?

La première référence au picodon, « vieux fromage de chèvre, ramolli avec du petit-lait », apparaît en 1873 dans un glossaire du patois de Die. Ce mot appartient à un dialecte occitan. Son étymologie est incertaine. Doit-on y voir une allusion à la petitesse du fromage (*pichon* ou *pichou* signifiant « petit ») ou à son goût légèrement piquant ?

Dieulefit, dans la Drôme.

L'aire d'appellation

Produit dans les départements de la Drôme et de l'Ardèche, le picodon peut également provenir du canton de Valréas (Vaucluse) et de celui de Barjac, dans le Gard, à la frontière du domaine du pélardon.
Sur ce vaste territoire, l'élevage caprin se concentre autour de trois pôles : la Drôme provençale, aux environs de Dieulefit, haut lieu du picodon, caractérisé par des montagnes calcaires sèches ; la « Drôme des collines », vers le nord du département, plus humide mais difficile d'accès ; en Ardèche, les pentes abruptes qui découpent le plateau ardéchois granitique pour le raccorder à la vallée du Rhône, avec le site remarquable des Boutières.

Les races de souche locale sont peu représentées. Seules subsistent les races Alpine ou Saanen. Afin d'éviter une évolution des élevages vers des systèmes trop intensifs, le nombre de chèvres à l'hectare ne doit pas être supérieur à dix. Les aliments, qui doivent provenir au moins à 80 % de l'aire géographique, ne peuvent en aucun cas être fermentés.

Deux modes d'affinage, deux types de picodon

Fromage à caillage lactique, le picodon est obtenu par coagulation lente (vingt-quatre heures environ), avec addition d'une faible quantité de présure. L'emprésurage se réalise dans un délai qui n'excède pas quatorze heures après la traite la plus ancienne pour la production fermière, ou six heures après réception à l'atelier de fabrication industrielle. Le caillé est moulé à la main dans des moules individuels percés. La période d'égouttage, entrecoupée de phases de retournements et de salage, est suivie d'un séchage de vingt-quatre heures.
Il existe deux types de picodon. Le premier résulte d'un affinage de quatorze jours, à une température comprise entre 12 et 18 °C. Il présente une croûte mince, avec des moisissures jaune pâle ou blanches, parfois tachetées de bleu. Sa texture homogène et fine peut devenir cassante après un affinage prolongé. L'autre type, appelé « picodon affiné méthode Dieulefit » est le fruit d'un affinage plus long (un mois au moins), selon une technique ancestrale répandue autour du village de la Drôme. D'abord confiné en caisse durant au moins quinze jours dans un local humide et froid (5-10 °C), le fromage se couvre de moisissures de surface ; il est ensuite maintenu au moins huit jours dans un local saturé en humidité et moins froid (13-17 °C), où il

Le picodon et le vin

Sur un fromage jeune, un châtillon-en-diois rouge

Sa pâte est de couleur crème, assez ferme. Il lui faut un vin jeune, gouleyant et plein de fruit. Les vins trop structurés seraient dévalorisés. On ne peut résister à l'accord local très sympathique avec un châtillon-en-diois. Cette petite appellation méconnue d'une cinquantaine d'hectares se cache au fond de la vallée de la Drôme, au sud du village de Die célèbre par ses vins effervescents. Elle produit des vins blancs, issus d'aligoté et de chardonnay, et des rouges, à base de gamay (parfois complété par un peu de pinot noir). Si les premiers peuvent convenir, on a un faible pour les seconds : leur côté friand, léger et fruité met bien en valeur le subtil goût caprique du picodon. Léger, mais non inconsistant, le vin rappelle sa présence par des notes épicées.

Sur un fromage affiné, un crozes-hermitage blanc bien mûr

Un crozes-hermitage blanc, âgé de deux à cinq ans, formera une belle alliance avec un fromage d'un caractère plus affirmé, âgé ou affiné selon la méthode Dieulefit. Cette appellation, qui s'étend autour de Tain-l'Hermitage, dans la vallée du Rhône, produit majoritairement des vins rouges, mais aussi des vins blancs délicieux, issus de marsanne avec un appoint de roussanne. Leur palette aromatique, florale dans les vins jeunes, s'enrichit avec le temps de notes de cire, de miel, de grillé ou d'amande qui s'accordent avec le picodon affiné ; c'est pourquoi il importe de choisir une bouteille déjà mûre. Généralement peu marqués par l'acidité, les crozes-hermitage blancs rejoignent la souplesse de la pâte du picodon méthode Dieulefit. Le gras du vin s'harmonise parfaitement au fromage. Les picodons affinés classiquement peuvent offrir une pâte un peu plus cassante après un affinage prolongé. L'ampleur du crozes-hermitage apportera dans ce cas un élan de fraîcheur à la dégustation. Le goût caprique du fromage, son caractère piquant plus marqué ne sont pas un obstacle au mariage à condition que le vin soit suffisamment mûr et étoffé.

Vins d'accompagnement

VINS ROUGES LÉGERS ET FRUITÉS : châtillon-en-diois, beaujolais, touraine gamay, côtes-du-forez, côte roannaise, côtes-du-rhône de type souple, côtes-du-ventoux, côtes-du-luberon, coteaux-du-tricastin... VINS BLANCS SECS : châtillon-en-diois, bourgogne blanc, bourgogne aligoté, mâcon-villages... ; vins riches et gras sur un fromage affiné : crozes-hermitage, saint-joseph...

subit deux lavages au minimum. Sa taille s'est légèrement contractée. Il offre une croûte blanche, ivoire, grise ou crème. Sa pâte a un aspect marbré et une texture fine et souple.

Le service et les saisons de dégustation

La production de lait de chèvre est très saisonnière. Elle commence à la mise bas au printemps et se poursuit pendant la belle saison, lorsque l'herbe est abondante. Le picodon à affinage court est donc disponible sur les marchés pendant cette époque et jusqu'au mois d'octobre. Les picodons à affinage long, plus particulièrement le picodon « affiné méthode Dieulefit », prennent alors le relais, permettant de savourer toute l'année le goût si particulier de ce fromage.
Il convient de surveiller l'affinage du picodon pour éviter sa dessiccation. À cet effet, on pourra le placer entre deux assiettes dans la partie basse du réfrigérateur. On l'ouvrira en deux moitiés identiques pour observer la texture et la couleur de sa pâte.

Pont-l'évêque

Comme le camembert, il naît dans le Pays d'Auge, mais plus au nord, dans la vallée de la Touques, entre Lisieux et Deauville. Fromage onctueux, alliant un bouquet puissant à des saveurs douces, le pont-l'évêque s'inscrit dans la grande tradition fermière, même si sa production s'est industrialisée. Avec un coteaux-du-layon, on trouvera un accord original, avec un vacqueyras, une alliance plus classique.

AOC 1976

Fidèle aux bocages de l'Ouest

Si le Pays d'Auge est connu pour ses fromages dès l'époque médiévale, ce n'est qu'au XVIIe siècle qu'apparaît le nom de pont-l'évêque – celui d'une ville-marché. C'est au siècle suivant, avec l'extension des herbages dans la région, que se développe la production d'une spécialité de forme carrée proche du fromage actuel.
Au XXe siècle, elle s'étend aux cinq départements normands (auxquels s'ajoute la Mayenne) mais reste principalement liée au terroir augeron. De ce fait en 1976, le pont-l'évêque a pu être reconnu en appellation d'origine contrôlée.
Une réflexion est en cours pour réduire l'aire de l'appellation au bocage normand, pour mieux définir les conditions d'alimentation des vaches laitières et encourager l'utilisation de la race Normande.

La fabrication

Le pont-l'évêque est un fromage de tradition fermière, même si les fabrications en laiterie sont devenues majoritaires : seuls cinq éleveurs continuent à transformer leur propre lait.
Pour fabriquer un pont-l'évêque, il faut 3 litres d'un lait riche en protéines. Ce lait est additionné de ferments lactiques et légèrement écrémé. Il est réchauffé et reçoit une dose assez importante de présure, ce qui entraîne une coagulation rapide, en quelques minutes. Après un repos d'environ trente minutes, le caillé est émietté en tout petits cubes, qui sont malaxés et brassés plusieurs fois. Ainsi séparé d'une grande partie de son sérum, il est réparti dans les moules carrés.
Le lendemain, les fromages sont démoulés, retournés plusieurs fois sur des claies inclinées et laissés pendant deux jours dans une salle ventilée à température assez élevée (plus de 20 °C). Lorsqu'ils ont perdu environ 90 % de leur sérum initial, on les sale au sel fin ou, plus rarement, dans une saumure.
Les fromages sont affinés à 12-14 °C pendant deux ou trois semaines. Au cours de cette phase, ils sont frottés ou lavés régulièrement jusqu'à l'apparition d'une croûte rouge pâle.
Généralement, les producteurs fermiers ne lavent pas les fromages : ils se contentent de les frotter. Ils les disposent sur la tranche, les uns contre les autres, afin de favoriser un léger développement du « rouge », la croûte restant sèche.
D'autres fromagers préfèrent les laver à l'eau salée ensemencée d'un

Type
Pâte molle à croûte lavée
Lait cru minoritaire (6 %)

Fermiers
2 %

Affinage
2 à 3 semaines

Forme
Carré

Côté
11 cm

Hauteur
3 cm

Poids
350 à 400 g

Aire
Les 5 départements de la Normandie et la Mayenne (Pays d'Auge surtout)

Production
3 500 t

À la différence du camembert, le pont-l'évêque n'est guère produit en dehors de sa région d'origine, le Pays d'Auge.

champignon, *Geotrichum candidum*, et d'une bactérie appelée communément ferment du rouge. Ces micro-organismes, en se nourrissant des matières sucrées, protéiques ou grasses du caillé, produisent certains éléments aromatiques spécifiques du pont-l'évêque. Les fromages sont retournés tous les jours, frottés une dernière fois avant d'être emballés dans des boîtes en bois et vendus une à cinq semaines plus tard.

Puissant au nez, tendre au palais

Souple mais non élastique, la croûte est de teinte variable en fonction du degré d'affinage et selon qu'elle a été lavée ou frottée : du crème au rose en passant par l'ocre, le jaune orangé.
À mesure qu'elle vieillit, elle devient humide, légèrement collante et se colore en rouge. La pâte, ivoire ou jaune paille, présente dans un fromage à point une certaine brillance qui traduit son onctuosité.
Crémeuse et fondante, de consistance fine et lisse, elle reste néanmoins ferme sous la langue.
De petits trous s'y forment sous l'effet des ferments.
Un fromage jeune montre un cœur blanc et peut présenter des trous de moulage qui disparaîtront à l'affinage. Les odeurs de la croûte, assez puissantes, relèvent du registre végétal (paille, champignon, terre humide, sous-bois), animal (étable, litière, ammoniac), fumé (charcuterie). Celles de la pâte, beaucoup plus douces, expriment des nuances proches des produits laitiers : beurre, crème, lait frais et chaud, lait cuit, voire chocolat au lait. L'équilibre des saveurs se fait autour des impressions salées et sucrées. L'amertume apparaît en fin d'affinage, alors qu'une légère acidité est perceptible sur les fromages assez jeunes.
Le pont-l'évêque existe en quatre formats : la référence (11 centimètres de côté), le petit (9 centimètres), le demi (11 par 5,5 centimètres), ou le grand vendu à la coupe (20 centimètres de côté).

Le pont-l'évêque et le vin

En blanc, le moelleux et l'acidité d'un coteaux-du-layon

Avec son caractère, le pont-l'évêque n'est pas facile à marier ! Pourquoi ne pas tenter un accord original avec un coteaux-du-layon ? Il s'agit d'un vin liquoreux produit dans le Val de Loire, en Anjou. Le climat de l'aire d'appellation, abritée de l'humidité océanique, et ses sols schisteux, caillouteux et peu profonds se prêtent à merveille à l'élaboration de vins de ce type. Le cépage chenin trouve là son terroir de prédilection. Obtenu par tries, ces passages successifs dans les vignes qui permettent de ne récolter que les raisins surmûris, c'est un vin apte à la garde. Sa gamme aromatique évolue avec l'âge.
Celle des vins jeunes mêle fleurs blanches, fruits blancs, fruits exotiques et agrumes. Avec le temps apparaissent des tons plus secs (amande et abricot sec) ainsi que des notes minérales.
Ce superbe ensemble répond avec grâce à la première impression un peu rustique du fromage. En bouche, la saveur vive et le moelleux du vin rencontrent une pâte souple, grasse et douce, dans un très bel équilibre. Le fond acide du chenin et la touche minérale qui donnent une certaine austérité relèvent la douceur de la pâte du pont-l'évêque. Le premier contact peut être surprenant, mais l'essai se révèle très vite concluant.

En rouge, les tanins ronds d'un vacqueyras

Plus classique, l'accord avec les vins rouges peut aussi réserver de bonnes surprises. On évitera les vins trop légers qui ne sauraient affronter un fromage d'un tel aplomb pour se tourner vers un vin solide, un vacqueyras par exemple.

Un vin méridional, produit par la dernière-née des appellations communales de la vallée du Rhône. Sous un climat méditerranéen, grenache noir, syrah, mourvèdre et cinsault, implantés sur des sols calcaires et des cailloux roulés, donnent naissance à des vins d'une belle concentration. La robe est d'un rouge intense et profond, le nez fruité et parfois épicé. Le velouté des tanins permet d'aborder le pont-l'évêque en toute harmonie : il y a de la rondeur dans le contact. En matière d'arômes, l'échange est également positif entre la douceur crémeuse du fromage – passées les odeurs ammoniacales de la croûte – et la bouche de fruits rouges (cerise, cassis) et de sous-bois du vacqueyras. Avec un vin de trois à dix ans, l'alliance ne sera que meilleure.

Vins d'accompagnement

VINS BLANCS LIQUOREUX AVEC UN FOND D'ACIDITÉ : coteaux-du-layon et autres liquoreux de la Loire : coteaux-de-l'aubance, coteaux-de-saumur, quarts-de-chaume, bonnezeaux.
VINS ROUGES STRUCTURÉS ET MÛRS : vacqueyras, gigondas, châteauneuf-du-pape, lirac, certains côtes-du-rhône, côtes-du-roussillon villages…

Pouligny-saint-pierre

AOC 1972

Type
Fromage de chèvre
Lait cru et entier en pratique
Fermiers
48 %
Affinage
10 jours minimum
Forme
Pyramide
Côté
9 cm à la base
Hauteur
12,5 cm
Poids
250 g
Aire
Brenne dans l'Indre
Production
410 t

Le pouligny-saint-pierre est l'un de ces fromages de chèvre en forme de pyramide né dans le Centre-Ouest de la France. De la Brenne, son pays d'origine, il transmet la douceur. Les vins blancs à base de sauvignon du Val de Loire se plaisent en sa compagnie, de même que les rosés vifs, élégants et fruités comme le touraine-noble-joué.

Un des fromages de chèvre de l'Indre

Au nord, la Touraine, à l'est le Berry, à l'ouest, le Poitou, au sud, le Limousin. Tels sont les confins de l'aire du pouligny-saint-pierre, produit sur vingt-deux communes du département de l'Indre. Non loin de là, dans ce même Centre-Ouest, on trouve deux autres appellations de fromages de chèvre, selles-sur-cher et valençay.

Le fromage est fabriqué dans la partie occidentale de la Brenne « aux mille étangs », refuge pour de nombreux oiseaux migrateurs et où les chèvres occupent les zones les plus sèches. Il tire son nom d'un village situé à côté de la petite ville du Blanc – qui possédait un vignoble, aujourd'hui disparu – et de l'abbaye de Fontgombault. L'appellation a été reconnue en 1972.

Les chèvres qui fournissent le lait sont de race Alpine ou Saanen. Les éleveurs privilégient une alimentation à base d'herbe où le sainfoin et le trèfle jaune constituent des mets de choix. La filière du pouligny-saint-pierre comprend vingt-cinq producteurs dont vingt-deux fermiers et trois coopératives approvisionnées par soixante-cinq apporteurs de lait. Beaucoup de producteurs fermiers livrent leurs

fromages à des affineurs et ne pratiquent donc pas de vente directe. Les volumes, certes modestes, ont presque doublé en dix ans.

La fabrication et la dégustation

Comme son voisin le valençay, le pouligny-saint-pierre est de forme pyramidale, mais cette pyramide-là n'est pas tronquée. Il faut un peu plus de deux litres de lait pour fabriquer un fromage qui ne pèse guère plus de 250 grammes. Bien que cela ne soit pas obligatoire, le pouligny-saint-pierre est obtenu à partir de lait cru et entier. Après un caillage de type lactique, avec addition d'une faible quantité de présure, le caillé est versé dans des moules, en général à la louche. On veille à ne pas le briser, de façon à garantir l'homogénéité de la pâte. Une fois égouttés, les fromages sont démoulés et salés. L'utilisation de sel sec garantit un développement optimal d'une bonne flore de surface. Suit une phase de séchage et d'affinage. La fabrication et l'affinage doivent être effectués dans l'aire de l'AOC pendant dix jours. Cependant l'affinage dure souvent quinze jours et plus.
La finesse de la pâte, la subtilité de ses arômes font du pouligny-saint-pierre un des fromages de chèvre les plus recherchés. Un bon pouligny-saint-pierre doit être légèrement bleuté. C'est durant la période estivale qu'il est le meilleur. Fromage de plateau, il régalera aussi sur du pain chaud, accompagné d'un peu de salade.

Le pouligny-saint-pierre et le vin

De Loire ou de Bourgogne, des blancs secs de sauvignon

Le blanc sied au pouligny-saint-pierre. Point n'est besoin d'aller très loin dans le département pour trouver un vin tout indiqué : le reuilly. Issu de sauvignon, celui-ci naît dans le Val de Loire, aux confins de la Bourgogne. Le pouligny-saint-pierre est un fromage très délicat où les odeurs caprines sont légères. Les notes de fruits blancs et de fleurs blanches du reuilly les entrecroisent et reviennent en bouquet par rétro-olfaction dans une grande fraîcheur, soulignées par des nuances citronnées. La bouche souple et fruitée du vin donne un intérêt supplémentaire au pouligny-saint-pierre qui conjugue une texture tendre et une saveur un peu acidulée.

Situé dans le département du Cher, le vignoble de Quincy est lui aussi planté de sauvignon. Son vin, tout aussi élégant que le reuilly, est peut-être un peu plus végétal et tire moins sur les agrumes. Le bourgeon de cassis et le miel s'entendent à merveille avec le côté noisette du pouligny-saint-pierre Dans le même ton, le sauvignon-de-saint-bris, appellation bourguignonne de l'Auxerrois, apportera une note plus fraîche, presque nerveuse, qui ravira ceux qui aiment les accords jeunes et printaniers.

... ou des rosés vifs comme le touraine noble-joué

Le pouligny-saint-pierre s'entend aussi avec les rosés, pour peu que l'on choisisse un vin tirant sur la fraîcheur et la vivacité plutôt que sur la rondeur et l'ampleur. Le bonheur est encore du côté de la vallée de la Loire, dans l'appellation touraine-noble-joué, petit vignoble implanté au sud de Tours. Les vins sont produits à partir du meunier complété par une part variable de pinot gris et de pinot noir. Une courte macération précède le pressurage et la fermentation pour favoriser l'extraction de cépages peu colorants. La robe est saumon et le nez floral. Le fruité de la bouche se développe dans une impression de grande fraîcheur tout en conservant une structure charnue qui excite l'appétit.

Vins d'accompagnement

VINS BLANCS SECS issus de sauvignon : reuilly, quincy, sancerre, pouilly fumé, menetou-salon, touraine, sauvignon-de-saint-bris, bordeaux sec, graves, bergerac sec, côtes-de-duras…
VINS ROSÉS SECS : touraine noble-joué, coteaux-du-vendômois…

Reblochon

AOC 1958

Type
Pâte pressée non cuite
Lait cru et entier

Fermiers
20 %

Affinage
15 jours

Forme
Cylindre plat

Diamètre
13 à 14 cm

Hauteur
3,5 cm

Poids
500 g environ

Aire
Partie montagneuse de la Haute-Savoie avec extensions en Savoie

Production
17 000 t

Né dans les fermes, ce fromage doux et rond au palais est produit en Haute-Savoie, des Préalpes calcaires au massif du Mont-Blanc. En matière de mariage avec les vins, le reblochon ne fait pas de manières : un rouge tendre comme le beaujolais-villages révélera un accord fruité, un blanc de Haute-Savoie, tel le crépy, mettra en valeur son onctuosité et un bourgogne blanc ouvrira un échange équilibré et aromatique.

Un fromage clandestin !

À l'origine du reblochon, une maraude paysanne appelée « reblâche ». Les propriétaires exigeaient des redevances en nature, dont le montant était fonction du volume de lait produit par chaque vache. Le jour où l'on venait effectuer cette mesure, le fermier pratiquait une traite incomplète, qu'il achevait dès que l'envoyé du propriétaire avait tourné les talons. Ce lait de seconde traite, très gras, servait à confectionner un fromage qui fut longtemps consommé sur place.
Au XVIIe siècle, le reblochon commença à être commercialisé. Exclusivement fabriqué à la ferme dans la région de Thônes, du Grand-Bornand et de La Clusaz, il profita à partir du début du XXe siècle du développement des fruitières (ateliers coopératifs) en Haute-Savoie.

Le reblochon est fabriqué à partir de lait cru et entier. Ci-contre, le décaillage.

Les montagnes de Haute-Savoie

L'aire de production occupe les deux tiers du département de la Haute-Savoie et notamment l'essentiel de la partie montagneuse : Préalpes calcaires constituées par les massifs des Bauges au sud, Bornes et haut Giffre vers le nord,

La vache Tarine est l'une des deux races autorisées pour la production du reblochon.

Aravis au sud-est et enfin massif cristallin du Mont-Blanc à l'est. Aujourd'hui, les apporteurs de lait, au nombre de 1 130, approvisionnent les 20 fabricants de la zone, tandis que 180 fermiers transforment eux-mêmes le lait de leur troupeau. Par les volumes produits, l'AOC se classe parmi les plus importantes. Talonnée par la région de production et l'Est en général, la région parisienne représente le premier débouché de ce fromage assez méconnu dans l'Ouest, le Sud-Ouest et le Nord.

Des races locales : Tarine et Abondance

Deux races montagnardes fournissent le lait du reblochon. Probablement issue de très anciennes populations de bovins venus d'Europe centrale, la Tarine ou Tarentaise a une robe fauve, des muqueuses et des extrémités noires. Alerte, rustique, elle est armée pour la marche difficile en alpage et capable de supporter les variations climatiques intenses que l'on observe à plus de 2 000 mètres d'altitude (les températures peuvent ainsi passer de -5 °C à +30 °C dans la même journée). Elle produit régulièrement un lait d'une grande qualité fromagère, tout comme l'Abondance. Cette dernière, issue des animaux importés par les Burgondes au Ve siècle et jadis sélectionnée par des moines de Sainte-Marie d'Abondance (Haute-Savoie), constitue l'un des rameaux des populations de pie rouge françaises. De taille moyenne, d'une ossature fine, elle présente autour de ses yeux une auréole pigmentée qui lui vaut le nom de « vache à lunettes ». Les animaux ne consomment que de l'herbe des alpages et du foin, les aliments fermentés (ensilage et enrubannage) étant proscrits.

La fabrication

Le reblochon est obligatoirement fabriqué à partir de lait cru et entier. Le lait est emprésuré à une température d'environ 34 °C, à l'aide de présure d'origine animale. Moulé puis pressé, le fromage subit en début d'affinage un lavage de la croûte destiné à faciliter l'établissement de la flore de surface : la croûte s'affine ainsi, acquiert un aspect jaune orangé et se recouvre d'une mousse blanche caractéristique. Après un affinage de quinze jours minimum, la pâte, très peu ferme, présente une couleur légèrement jaune. On reconnaît le fromage fabriqué à la ferme grâce à une marque obligatoire constituée de caséine alimentaire, ronde et de couleur verte (elle est rouge pour un fromage fabriqué en atelier laitier). Obligatoire aussi, le faux-fond en épicéa tranché, placé sur l'une des faces du fromage.

Le service

À maturité, le reblochon se caractérise par sa rondeur et son onctuosité. Peu agressif en bouche, il mêle des saveurs alliant le sucré à des notes plus grillées, voire à quelques touches amères-acides lorsque l'affinage a été plus long. La meilleure saison de consommation s'étale de fin avril à début juin. On servira ce fromage à température ambiante et on le découpera en parts à partir de son centre. Le reblochon, avec la pomme de terre, est l'ingrédient de base de la tartiflette, célèbre recette régionale.

Le reblochon et le vin

Avec les rouges : des vins fruités et de structure moyenne

L'avantage du reblochon, c'est qu'il fait preuve de caractère tout en étant à la portée de nombreux vins, qu'ils soient rouges ou blancs.
Si l'on préfère les premiers, on choisira des vins sur le fruit, de structure pas trop étoffée. Un beaujolais-villages sera parfait. Par la situation géographique de son aire de production comme par ses conditions d'élaboration, il constitue l'intermédiaire entre l'AOC beaujolais et les crus (fleurie, morgon, brouilly...) de cette région. Comme les crus, il est issu de terrains acides d'origine cristalline, granites, schistes ou gneiss. Sur l'aire du beaujolais-villages, le gamay donne aussi le beaujolais nouveau, mais le reblochon préfère un vin issu de vinification longue, de caractère plus solide. Au nez, les fruits rouges (cassis, framboise, fraise, griotte) sont légion, tandis que la violette apporte souvent une touche florale délicate. Des notes amyliques (bonbon anglais), issues de la vinification beaujolaise, peuvent également apparaître. En bouche, la souplesse est de mise, accompagnée d'un fruité qui ravit. La faible acidité du vin se marie bien avec la fraîcheur de la pâte du reblochon. L'accord est doux, et le fromage crémeux glisse sous le gouleyant du beaujolais-villages. Une alliance estivale, pour un casse-croûte.

Vins d'accompagnement
VINS ROUGES FRUITÉS : beaujolais-villages, anjou, saumur, saint-nicolas-de-bourgueil, vin-de-savoie (gamay)...
VINS BLANCS SECS ASSEZ SOUPLES : crépy, fendant suisse, AOC de Bourgogne (chardonnay)...

Avec les blancs : des vins plutôt souples

Avec un vin blanc, l'entente est tout aussi facile. Seul impératif : éviter les vins trop acides. Un accord régional peut se révéler intéressant sur des fromages assez jeunes. Leur goût délicatement noisetté sera bien mis en valeur par un crépy, vin de chasselas produit aux alentours du lac Léman. Léger, il distille des notes de pêche, de fruits secs et d'épices délicates. La bouche souple est en parfaite adéquation avec l'onctuosité de la pâte du reblochon. Attention : l'AOC n'offre guère plus de 5 000 hectolitres. On trouvera aussi dans la vaste appellation bourgogne des vins aptes à s'allier au reblochon. L'accord, un peu plus vif, convient bien à des fromages mûrs. Le cépage est ici le chardonnay, planté de l'Yonne, au nord, au Mâconnais, au sud, en passant par la Côte d'Or et la Côte chalonnaise. Les sols sont variés et donnent des produits un peu différents selon les terroirs, mais dans l'ensemble, tous les vins sont ronds, voire amples, fins et fruités. Au nez, les fleurs blanches dominent, tandis que la bouche développe des arômes de noisette, de miel ou de pain grillé. La structure agréable, équilibrée entre alcool et acidité, donne au reblochon l'occasion de s'exprimer sans retenue.

Rigotte de Condrieu

Depuis des siècles, les chèvres s'égaillent sur les versants du Massif central qui dominent la vallée du Rhône. Elles sont à l'origine d'un petit fromage fermier produit autour de Condrieu. Une commune célèbre par son vin blanc qui donnera un accord splendide dans le registre de la subtilité, tout comme, en rouge, le côte-rôtie, autre prestigieuse appellation locale.

La conquête de Lyon

Le mot rigotte renverrait à l'italien *ricotta* (« recuite »). Il ne semble pas cependant que ce fromage rhodanien ait jamais été fabriqué comme la *ricotta* à partir de petit-lait. Le terme s'est répandu après la Révolution pour désigner les fromages de chèvre produits dans le canton de Condrieu et écoulés sur le marché de cette ville. En 1840, la construction d'une portion de route entre Condrieu et Sainte-Colombe-lès-Vienne facilita les échanges

Type
Fromage de chèvre
Lait cru ou thermisé
Fermiers
100 %
Affinage
7 à 20 jours
Forme
Cylindre
Diamètre
5 cm
Hauteur
2,5 cm
Poids
50 à 60 g
Aire
Versant est du Massif central autour de Condrieu (Rhône)
Production
50 t

avec Lyon et permit d'asseoir la réputation de la rigotte. Cette spécialité pouvait alors être issue d'un mélange de laits (chèvre et vache). En 1988, les producteurs fermiers de ce fromage ont déposé la marque collective « rigotte de Condrieu », réservée à la fabrication pur chèvre. Une reconnaissance en appellation d'origine contrôlée est à l'étude.

Le balcon du Pilat

La zone de fabrication historique de la rigotte, assez vaste, occupait les versants du Massif central qui dominent la vallée du Rhône. Depuis 1988, elle s'est resserrée au canton de Condrieu et à quelques communes limitrophes. Le milieu naturel est constitué par le replat d'altitude qui va grossièrement de Pélussin, au sud, à Condrieu, au nord, et qui s'adosse au massif du Pilat, point culminant de la région. On désigne sous l'expression de « balcon du Pilat » ce pays d'où la vue plonge sur la vallée du Rhône et ses vignobles prestigieux avant de se perdre à l'horizon des Alpes.
Ce massif est une moyenne montagne, orientée sud-ouest nord-est. Ses caractéristiques climatiques sont fortement influencées par le relief (1 432 mètres au Crêt de la Perdrix) et par la fréquence des vents du Nord, appelés localement bise, qui s'engouffrent dans la vallée du Rhône pour donner naissance au mistral.

La fabrication

Aujourd'hui, la rigotte de Condrieu est un fromage uniquement fermier. Traditionnellement, le lait de deux traites subit une maturation par ajout de petit-lait de la précédente fabrication. Le lait légèrement acidifié est emprésuré à 20 °C environ avec de la présure de chevreau. Après un caillage lent (vingt-quatre heures), on moule à la louche, dans des faisselles tronconiques, le caillé frais non égoutté, de manière à le briser le moins possible pour obtenir une texture fine. Moins d'une heure après, on ajoute une louche. L'égouttage dure douze heures. Pendant cette phase, le fromage est salé sur les deux faces.
Après démoulage, il subit un ressuyage puis un séchage lent avant d'être placé en cave pour y être affiné dans une ambiance humide et tempérée (de 10 à 14 °C). Cette opération, qui dure de sept à huit jours après l'emprésurage pour les rigottes peu affinées, dites « fraîches » ou « demi-sèches », peut se prolonger de quinze à vingt jours.

Le service et les saisons de dégustation

La rigotte de Condrieu est rare sur les marchés en hiver car les chèvres manquent alors de lait. C'est au retour de la belle saison, lorsque la lactation est plus abondante, que l'on dégustera de préférence ce fromage au goût subtil de noisette. Vendu à la pièce ou en rouleaux de cinq à six fromages, ce produit se consomme à tous les stades d'affinage. Certains l'apprécient avec une croûte encore blanche et le servent parfois chaud, sur des feuilles de salade. D'autres le préfèrent bien affiné lorsque la croûte est couverte de moisissures bleues.

Moulage à la louche de la rigotte de Condrieu.

La rigotte de Condrieu et le vin

Avec une rigotte jeune, le gras et la délicatesse d'un condrieu

En se rendant sur les terres de la rigotte de Condrieu, on aperçoit les vignobles voisins de côte-rôtie et de condrieu qui forment la bordure orientale de l'aire de production de ce fromage. De même qu'ils représentent le point de contact entre la plaine et la montagne, leurs vins sont les vecteurs de la communication sensorielle entre la rigotte de Condrieu et le dégustateur. Une sorte de catalyseurs. Le condrieu est un rare vin blanc, né du cépage viognier planté sur un terroir granitique de la rive droite du Rhône. Ample, riche en alcool et pourtant d'une délicatesse sans pareille, il est le partenaire idéal d'une rigotte jeune. Celle-ci développe des arômes de noisette et des notes capriques encore légères. Le condrieu ajoute à cette fine palette des touches subtiles de violette et d'abricot. Les superlatifs manquent pour décrire l'ensemble aromatique ainsi constitué dans cet accord très « féminin », presque aérien. En bouche, la texture souple et onctueuse de la rigotte s'allie au gras du condrieu pour donner une sensation de rondeur exceptionnelle.

Avec une rigotte affinée, la puissance veloutée d'un côte-rôtie

Avec une rigotte affinée, à la croûte bleutée et aux odeurs capriques plus puissantes accompagnées de senteurs de champignon, on s'orientera vers un côte-rôtie. Si condrieu n'est que de blanc vêtu, côte-rôtie ne fait que dans le rouge. Un rouge profond sorti tout droit de la syrah, complétée parfois d'un soupçon de viognier. Les vignes s'enracinent dans les schistes d'un coteau impressionnant de verticalité, aménagé en banquettes entretenues avec dévotion par les vignerons d'Ampuis et des environs. Le bouquet du côte-rôtie – de la framboise, de la violette, mais aussi quelques épices pour corser le tout – se plaît en face de la force et de la délicatesse du nez de la rigotte affinée. Au palais, l'accord apparaît viril mais sensuel : aux accents capriques et à la noisette mûre du fromage répondent les fruits rouges, le cuir, les épices et la réglisse du vin. Ses tanins puissants, mais devenus soyeux avec l'âge, caressent la fine texture de la pâte de la rigotte. L'impression de velouté dure presque autant que la finale aromatique. Un équilibre entre tendreté et puissance.

Le vignoble de Condrieu.

Vins d'accompagnement

VINS BLANCS SECS GRAS ET AMPLES sur un fromage jeune : condrieu, bourgogne (chardonnay)...

VINS ROUGES PUISSANTS sur des fromages affinés : côte-rôtie, cornas, saint-joseph, hermitage, crozes-hermitage, minervois, côtes-du-roussillon-villages...

Rocamadour

AOC 1996

Il fait la fierté des causses du Quercy, ce petit fromage de chèvre de la famille des cabécous. Les vins blancs le flattent : un vin d'entraygues-et-du-fel formera avec des fromages jeunes, doux et crémeux, un accord plutôt fait de contrastes, tandis qu'un cassis scellera une alliance ronde et délicate.

Type
Fromage de chèvre
Lait cru et entier

Fermiers
50 %

Affinage
6 jours

Forme
Palet

Diamètre
6 cm

Hauteur
1 à 1,5 cm

Poids
35 g

Aire
Causses du Quercy (une grande partie du Lot avec extensions dans les départements voisins)

Production
600 t

Le cabécou

Si le terme « rocamadour » se rattache à une aire géographique, le mot cabécou s'applique à plusieurs fromages de chèvre en forme de palet, une forme assez répandue, notamment dans le Sud-Ouest. Le mot, d'origine occitane, est sans doute une déformation de *cabra* (« chèvre »), « ou » étant un suffixe diminutif.

Le roc d'Amadour

Le petit palet de chèvre tire son nom de l'une des plus fascinantes cités du Sud-Ouest : ancienne ville forte, Rocamadour épouse l'à-pic d'une falaise et empile ses maisons médiévales et ses vénérables sanctuaires au-dessus des gorges de l'Alzou. Étape sur le chemin de Saint-Jacques-de-Compostelle, célèbre par son ermite saint Amadour et sa Vierge noire, la ville attire depuis le Moyen Âge des foules de visiteurs, pèlerins et aujourd'hui touristes.

Le terroir : les causses du Quercy

Tout autour s'étend l'austérité minérale des causses du Quercy, apprivoisée par les hommes de la Préhistoire, mais désertée par l'homme moderne : en bordure du Massif central, un plateau calcaire aride, couvert de maigres prairies et sillonné de murets de pierre sèche. Ici, l'eau a disparu dans les gouffres et s'enfonce dans des canyons. Ces terres ingrates, devenues parc naturel régional, ne rebutent pas les chèvres : elles sont propices à l'élevage extensif. Aussi, le rocamadour, appelé autrefois cabécou de Rocamadour, figure parmi les produits les plus anciens de la région. Dès le XVe siècle, les documents indiquent que « la valeur et le renom des fromages de Rocamadour résultent de la nature des plantes aromatiques pacagées par les bêtes à lait, et aussi de la manière de les préparer ».

L'aire d'appellation

Homogène par sa géologie, son climat et sa végétation, l'aire d'appellation s'étend sur le territoire de nombreuses communes du centre du département du Lot, et déborde sur les départements voisins : Corrèze au nord, Dordogne à l'ouest, Tarn-et-Garonne et Aveyron au sud.

Seuls les troupeaux de chèvres de races Alpine ou Saanen sont reconnus. L'alimentation des animaux,

qui doit provenir à 80 % de l'aire géographique, est constituée essentiellement de fourrages et de céréales.
La production est répartie à parts égales entre les fermiers et les laitiers. Elle est assurée par trente-huit producteurs fermiers, quatre fromageries, dont une coopérative, et soixante-quatre producteurs de lait.

La fabrication

Le rocamadour est fabriqué exclusivement avec du lait de chèvre cru et entier. L'emprésurage s'effectue dès réception du lait. Pour les fabricants collecteurs, il s'agit de lait refroidi, issu de quatre traites au plus ; pour les ateliers fermiers, des deux dernières traites. L'emprésurage, réalisé à une température comprise entre 18 et 23 °C, conduit à un caillage d'une durée minimale de vingt heures. Le caillé n'est pas brisé, mais subit un pré-égouttage obligatoire en sacs ou sur toile d'au moins douze heures. Ensuite, le salage se fait dans la masse par malaxage manuel ou mécanique du caillé, lequel est alors mis en moules cylindriques.
La période d'affinage se décompose en deux phases. Une première phase de ressuyage (vingt-quatre heures minimum à une température d'environ 18 °C) assure l'élimination partielle de l'eau contenue dans le caillé et permet le développement d'une flore de surface indispensable à l'affinage. Elle précède l'affinage proprement dit, en cave fraîche maintenue à une température de 10 °C minimum. Les fromages ne peuvent être commercialisés qu'à partir du sixième jour suivant le démoulage, soit quelque neuf jours après l'emprésurage. Leur teneur en matière grasse doit s'élever à 45 % minimum. Le rocamadour jeune est crémeux ; sa pâte blanche ou crème est onctueuse et fondante, sa peau jaunâtre légèrement veloutée et striée. Après quinze jours d'affinage, il est dit sec : sa croûte est parfois piquée de bleu et son goût plus corsé.

Le service

Le rocamadour se déguste toute l'année. S'il se conserve parfaitement dans le bas du réfrigérateur ou le bac à légumes, on en surveillera l'affinage afin d'éviter une dessiccation excessive. On le découpera en deux moitiés identiques si l'on souhaite apprécier sa texture et la couleur de sa pâte. Il fait merveille sur un plateau, crémeux ou sec selon les goûts, et entre également dans la composition de diverses recettes, chaudes ou froides : salades, tartelettes ou soufflés.

Le pittoresque village de Rocamadour a donné son nom à l'appellation.

Le rocamadour et le vin

Un faible pour les blancs : vins d'entraygues-et-du-fel

Malgré sa taille réduite, le rocamadour ne manque pas de caractère. Cette personnalité affirmée s'entend mieux avec les vins blancs qu'avec les rouges. Si l'on tient aux seconds, on choisira des vins fruités et légers. Les vins blancs vifs issus du cépage chenin s'accordent bien avec ce fromage, et parmi eux le VDQS vin-d'entraygues-et-du-fel, une appellation malheureusement confidentielle : ils sont seulement six vignerons à perpétuer une tradition viticole ancestrale dans la haute vallée du Lot, sur les premiers contreforts du Massif central et de l'Aubrac. Issus de sols granitiques, les vins blancs d'entraygues-et-du-fel possèdent une vivacité et une minéralité qui conviennent au caractère doux et fondant du rocamadour. Le moelleux du fromage est souligné par le côté très frais du vin, tandis que ses arômes capriques s'harmonisent au registre floral de l'entraygues-et-fel.

Le village d'Entraygues est au centre d'une zone d'appellation qui compte six communes.

Vins d'accompagnement

VINS BLANCS SECS, vifs sur un fromage jeune (vin-d'entraygues-et-du fel, anjou, savennières, saumur, vouvray et montlouis sec...), plus ronds sur des fromages affinés (cassis, côtes-de-provence, lirac...)
VINS ROUGES FRUITÉS ET LÉGERS : beaujolais, touraine, certains gaillac...

... et cassis pour les fromages mûrs

Le rocamadour se transforme assez vite au cours de son affinage. Si à neuf jours, il se montre velouté et fondant, il devient ensuite de plus en plus sec et ses arômes capriques se font de plus en plus pointus.
Un fromage affiné s'accordera lui aussi avec un vin blanc, mais d'un tout autre type. S'il fait aussi l'affaire sur des fromages jeunes, le cassis formera l'alliance idéale avec des fromages secs. La production de ce vignoble en terrasses de la côte méditerranéenne est également restreinte (environ 6 500 hectolitres), puisque l'aire de l'appellation, qui jouxte les côtes-de-provence, se limite à la commune de Cassis. Elle est réputée pour ses vins blancs, issus d'ugni blanc accompagné de marsanne, clairette, bourboulenc et sauvignon. Face aux arômes capriques du rocamadour, le nez du cassis fait pâle figure. Une discrétion qui n'empêche pas l'expression d'une complexité remarquable sur les agrumes, avec un côté balsamique puis empyreumatique. En bouche, les tons capriques du fromage ne font vraiment plus peur au vin. On voit même naître une belle alliance des arômes d'amande grillée et de noisette. La rondeur et le moelleux du cassis assurent un complément de générosité vis à vis d'un rocamadour que le temps a fini par assécher un peu.

Roquefort

Le plus connu des fromages de brebis est affiné dans les Causses, au cœur de l'Aveyron, dans un tout petit village accroché au rocher du Combalou. Il lui faut plusieurs mois d'attention avant d'être invité à table. On ne cessera de s'émerveiller devant l'accord classique, mais d'une richesse prodigieuse, donné par un sauternes. À moins que l'on ne préfère le côté plus rustique d'un madiran.

AOC 1925

Protection royale

Le roquefort constitue la référence des fromages français. Dès 1925 – dix ans avant la création des appellations d'origine contrôlée – ce produit connaissait la consécration officielle en se voyant défini par une loi. Son origine se perd dans la légende : un pâtre, pressé de retrouver sa promise, aurait oublié un morceau de fromage dans une grotte et l'aurait retrouvé couvert de la fameuse moisissure. Très tôt, les autorités s'intéressent à la fortune de ce fromage : Charles VI signe ainsi au début du XVe siècle une charte donnant aux habitants du village de Roquefort le monopole de son affinage. La notoriété du produit, qualifié par l'*Encyclopédie* de « roi des fromages », est bien établie au XVIIIe siècle.

La cabanière

Dans l'univers clos des caves de Roquefort, il existe un métier traditionnellement exercé par les femmes : celui de cabanière (de « cabanes », terme qui désignait autrefois les caves de Roquefort). Celle-ci procède aux différentes manipulations que subit le fromage dans les caves et notamment au « plombage » des roqueforts.

Une aire d'affinage restreinte

La justice de la République allait confirmer le rôle du village de Roquefort : un jugement de 1961 affirme l'influence des conditions d'affinage sur le caractère de ce fromage, en limitant strictement son aire d'affinage à un secteur de la commune. Celui-ci correspond à l'effondrement du massif du Combalou, qui habrite des grottes alimentées en air par les célèbres fleurines, ces cheminées naturelles formées dans la masse d'éboulis.

Une aire de fabrication plus vaste

La superficie de l'aire de production du lait et de fabrication des fromages est bien plus vaste. Très tôt, les laiteries ont souhaité élargir leur bassin de collecte au-delà des Causses, la production de lait se trouvant limitée à la fois par les niveaux de lactation de la brebis et par le milieu naturel très pauvre. La loi de 1925 englobait ainsi dans l'aire de production laitière et de fabrication des fromages seize départements entiers et cinq parties de départements de la France méridionale.
Toutefois, depuis une bonne vingtaine d'années, la situation évolue :

Type
Pâte persillée
Lait cru et entier
Fermiers
0 %
Affinage
3 mois
Forme
Cylindre
Diamètre
19 à 20 cm
Hauteur
8,5 à 10,5 cm
Poids
2,5 à 3 kg
Aire
Roquefort (affinage), Aveyron et départements voisins (production de lait)
Production
18 000 t

malgré une forte augmentation de la production, le bassin de collecte a été ramené à ce que les professionnels appellent le « rayon » (Aveyron et sa bordure). En effet, la Lacaune, devenue la seule race autorisée, a vu son potentiel de lactation augmenter grâce à la sélection génétique. En outre, les systèmes d'alimentation des troupeaux ont été rendus plus efficaces. Les brebis doivent cependant être élevées traditionnellement et nourries d'herbe, de fourrages et de céréales.

La fabrication

Les laiteries sont disséminées sur l'ensemble de l'aire de production de l'appellation. La fabrication, qui se fait à partir de lait cru et entier, est saisonnière : elle s'interrompt durant la période de tarissement des brebis (à la fin de l'été et à l'automne).

Le lait est emprésuré et additionné de spores de *Penicillium roqueforti*, la moisissure responsable de la formation du « bleu » (certains fabricants l'introduisent en poudre dans le caillé). Le caillé est brassé puis moulé à sec, l'égouttage étant réalisé sans pressage afin de maintenir dans la pâte un maximum d'anfractuosités favorables à la pénétration ultérieure de l'air et donc au développement du champignon. Le salage des fromages est lui aussi réalisé à sec. Avant le départ pour les caves d'affinage de Roquefort, ou au moment de leur arrivée, les fromages sont piqués par une série d'aiguilles, cette opération facilitant la pénétration de l'air au cœur du fromage.

L'affinage

Pourquoi a-t-on limité l'affinage à la zone si restreinte des grottes du

Le caillé est brassé et moulé à sec avant de rejoindre les caves d'affinage de Roquefort.

rocher du Combalou ? C'est dans ces cavités naturelles que l'on a isolé *Penicillium roqueforti*. En outre, l'existence des fleurines favorise la circulation de courants d'air, indispensables pour abaisser la chaleur dégagée par la croissance du champignon.

Les fromages sont disposés à nu dans les caves. Après une durée légale de deux semaines minimum, lorsque le maître de cave estime satisfaisant le développement de la moisissure, il fait procéder au « plombage » des fromages : ils sont emballés sous papier d'aluminium, ce qui interrompt les échanges gazeux avec l'extérieur et donc la croissance du champignon, sans bloquer pour autant les processus enzymatiques d'affinage de la pâte. L'affinage se poursuit alors à température dirigée, ce qui permet de commercialiser les produits tout au long de l'année malgré le caractère saisonnier de la fabrication. Le roquefort est affiné et mûri pendant au moins trois mois à compter de la date d'emprésurage.

Le service

Le roquefort sera servi chambré, ce qui permettra d'en apprécier les arômes et la texture. Fleuron du plateau de fromages, il peut aussi paraître à toutes les étapes du repas, puisqu'il entre dans la composition de nombreuses sauces et recettes : allumettes feuilletées, salades, tourtes et autres soufflés, sans oublier la célèbre poire au roquefort.

Le roquefort et le vin

Avec le sauternes : l'excellence d'un accord classique

Le « roi des fromages » demande une compagnie de haut rang : des vins structurés et riches. Le mariage avec un sauternes est classique, mais d'une pertinence totale. Le grand vin liquoreux du Bordelais tire son caractère du développement d'un champignon, *Botrytis cinerea*, qui entraîne un phénomène de concentration des sucres dans la baie du raisin. Il peut provenir de trois cépages : le sémillon, toujours le plus représenté, le sauvignon et la muscadelle.

La robe du sauternes ? Un vieil or chaud, qui peut devenir ambré après plusieurs années. Le roquefort offre une pâte blanche à ivoire aux cavités tapissées de moisissures de couleur verte à noire. Le type de moisissure influe fortement sur le goût et la texture en donnant des roqueforts plus ou moins puissants, plus ou moins onctueux.

La partie olfactive est encore plus riche. Le vin dégage des odeurs de fleurs (acacia, aubépine, fleurs séchées), de fruits secs et de miel qui trouvent dans le nez fruité du fromage un écho parfait. Le grandiose se produit en bouche. Le roquefort fond. Il n'y a ni amertume, ni acidité. Juste ce qu'il faut de salé et ce goût de champignon, de fruits secs mêlés à la douceur du lait de brebis. Une remarquable puissance sans agressivité aucune.

Le sauternes emporte ces sensations dans un tourbillon aromatique étonnant. L'acidité, le sucre et l'alcool sont en équilibre et apportent au fromage un ensemble de saveurs complémentaires. Les goûts de « rôti », d'orange confite, de cire d'abeille, de fruits secs s'harmonisent sans la moindre fausse note en compagnie du roquefort. Un instant magique.

Une alliance rustique avec le madiran

Dans un registre très différent, le mariage d'un roquefort et d'un madiran peut être intéressant. Il y a une certaine rugosité dans ce vin produit à cheval sur les Hautes-Pyrénées, les Pyrénées-Atlantiques et le Gers. Le tannat est le cépage dominant à côté des cabernets et du fer-servadou. De quoi donner des vins tanniques. Il conviendra donc de laisser vieillir suffisamment le madiran. Des tanins trop violents donneraient en effet une âpreté dévalorisante. Avec l'âge, le vin devient plus soyeux et peut être en harmonie avec un roquefort qui réclame une certaine délicatesse.

Il restera néanmoins toujours une certaine rusticité, un côté épicé, solide, un peu fauve. L'accord est moins raffiné qu'avec le sauternes, mais son côté « nature » est propice à certains moments.

Vins d'accompagnement

VINS BLANCS LIQUOREUX : sauternes, barsac, sainte-croix-du-mont, cadillac, loupiac, monbazillac, saussignac...

VINS ROUGES TRÈS PUISSANTS : madiran.

VINS DOUX NATURELS : maury.

Saint-marcellin

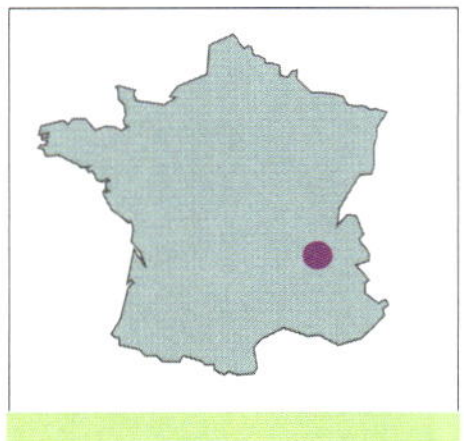

Type
Pâte molle à croûte fleurie
Lait cru, thermisé, ou pasteurisé
Fermiers
6 %
Affinage
6 à 20 jours
Forme
Palet
Diamètre
7 cm
Hauteur
2 à 2,5 cm
Poids
80 g
Aire
Bas Dauphiné
Production
3 300 t

Fabriqué autrefois à partir de lait de chèvre, ce fromage de vache connaît une forte notoriété. Pur produit du Dauphiné, il naît entre Lyonnais, Chartreuse, Vercors et vallée du Rhône. Le jurançon sec saura rehausser les accents crémeux d'un saint-marcellin jeune, tandis que le crozes-hermitage rouge révélera son caractère généreux développé à l'affinage.

D'illustres amateurs

Une sympathique histoire se transmet de père en fils dans le Vercors. En 1445, le futur Louis XI, résidant en Dauphiné, est à la chasse. Confronté à un ours, il appelle deux bûcherons à son secours. Pour le réconforter, ces derniers lui offrent du pain et du saint-marcellin. Très apprécié du futur souverain, ce fromage figure dès 1461 sur les tables royales du Louvre. Passons aux ors de la République et au XIXe siècle : de souche dauphinoise, les Casimir Perier – Auguste, le ministre de Thiers, puis Jean, le président de la République – tenaient le fromage en haute estime.

Un fromage du bas Dauphiné

Le saint-marcellin tire son nom d'une bourgade de la vallée de l'Isère. Il provient presque exclusivement de la région du bas Dauphiné comprise entre les plaines du Lyonnais au nord, les montagnes calcaires de la Chartreuse et du Vercors à l'est et au sud, la vallée du Rhône à l'ouest. Ce vaste quadrilatère qui s'adosse aux premiers contreforts alpins est constitué d'un plateau fluvio-glaciaire au sol épais, caillouteux, entaillé de profondes vallées. Une région d'accès difficile où les conditions de vie sont rudes. La toponymie traduit bien ce caractère ingrat puisque l'on parle de « Terres froides », de « Chambarans » (« champs bons à rien » en patois local). Les montagnes et coteaux sont occupés par les bois et les surfaces fourragères, et la région est tournée vers la production laitière.

Égouttage et salage du saint-marcellin.

Du lait de chèvre au lait de vache

Autrefois, le fromage était exclusivement fabriqué à la ferme, consommé sur place ou vendu sur le marché de Saint-Marcellin. Ces régions pauvres élevaient surtout des chèvres, animaux peu exigeants et rustiques. Les fromages étaient donc issus de leur lait. Au XVIIIe siècle, la chèvre tomba en disgrâce car elle compromettait le boisement des campagnes. Progressivement, on en vint à ajouter à son lait du lait de vache dont la production était plus abondante. Finalement, la dénomination de saint-marcellin fut réservée à un fromage de vache. Les fromageries se sont développées au XXe siècle. Si la race Montbéliarde occupe une place non négligeable, elle a été rejointe à partir des années 1960 par la Prim'Holstein. La culture du maïs s'est développée pour l'alimentation du bétail. Ces différentes conditions de production sont susceptibles d'évoluer si le fromage est reconnu en AOC. Il en va de même pour la fabrication.

Deux types de fabrication

La dénomination saint-marcellin recouvre des produits très différents. Certains, plutôt secs, sont souvent présentés préemballés en rouleaux de trois à six fromages. D'autres, à texture plus crémeuse, sont vendus à l'unité, en coupelles : ce sont les saint-marcellin au goût lyonnais, considérés comme la qualité haut de gamme. Le saint-marcellin est un fromage obtenu par coagulation lactique lente (entre dix-huit et vingt-quatre heures), avec addition d'une faible quantité de présure. Le caillé frais est moulé à la main dans des faisselles. Cette phase d'égouttage est entrecoupée d'opérations de retournement et de salage. Après démoulage, le séchage est rapide et prononcé (de deux à trois jours) pour le saint-marcellin préemballé, plus long pour le haut de gamme (de trois à sept jours) afin de permettre le développement de la flore de surface. Le saint-marcellin préemballé, peu affiné, est mis sur le marché entre six et huit jours après l'emprésurage, alors que le haut de gamme bénéficie d'un affinage plus long (jusqu'à vingt jours) avec deux ou trois retournements par semaine.

Le service

Le saint-marcellin est disponible toute l'année. On le stockera dans la partie basse du réfrigérateur dans une boîte hermétique, et on le sortira une heure avant la consommation. Les saint-marcellin à affinage court, relativement secs, seront consommés rapidement après l'achat. Les saint-marcellin à affinage plus long seront meilleurs affinés à cœur. Dégustés trop tôt, ils pourraient présenter une légère amertume ; trop tard, ils risquent de s'affaisser.

Le saint-marcellin et le vin

Sur un fromage jeune, l'élégance et la fraîcheur d'un jurançon sec

Jeune, le saint-marcellin présente une belle couleur crème. Son caractère lactique et juvénile incite à le marier à un vin à la fois structuré et délicat. On choisira dans le lointain Béarn un jurançon, né aux portes de la ville de Pau. Non pas un jurançon moelleux, mais un sec. Ce vin provient principalement des cépages gros manseng et courbu, à côté du petit manseng plutôt réservé aux moelleux. Il doit être dégusté assez jeune. Ses notes de cire, de miel, de noisette et d'aubépine rencontrent avec bonheur les arômes lactiques du fromage. Plus ou moins ferme selon son stade d'affinage, celui-ci fond toujours très rapidement au palais. Une très légère amertume peut se révéler sans qu'elle soit gênante. La présence en bouche du fromage est bien réelle sur un fond acidulé, ce qui convient très bien au jurançon sec qui développe lui aussi une petite note acide. L'accord est donc vif, mais d'une grande richesse parce que très fondu. Il s'en dégage une impression d'élégance et de fraîcheur.

Sur un fromage affiné, la souplesse distinguée d'un crozes-hermitage rouge

Avec quelques semaines d'affinage, le saint-marcellin continue de s'affirmer. Sa croûte jaune se pare de fleurs blanches et bleues. Si le jurançon sec peut encore trouver un bel accueil, un crozes-hermitage rouge saura également épouser un saint-marcellin plus souple et bien relevé en goût. À 90 % rouges, issus de syrah, les vins de cette appellation naissent entre Rhône et Isère – non loin de la zone du fromage. On choisira une bouteille vieillie au moins deux ans, aux tanins fondus. Les vins jeunes relèveront les arômes du fromage de belles notes de violette et de mûre ; avec l'âge, ils apporteront une gamme aromatique très expressive sur des nuances de sous-bois, d'épices et de fruits cuits. Cela ne dessert pas le saint-marcellin qui, s'il offre un goût assez doux, fait preuve d'une belle présence olfactive où se mêlent odeurs de crème, de vieux foin et parfois des senteurs un peu animales. Plutôt ferme dans sa jeunesse, il est devenu très moelleux, voire coulant. Le crozes-hermitage possède la même élégance que l'hermitage, sans en avoir la concentration. Une relative souplesse qui lui permet de s'harmoniser à la texture du fromage.

Vins d'accompagnement

VINS BLANCS SECS : jurançon sec, bourgogne blanc, mâcon-villages...

VINS ROUGES DE MOYENNE STRUCTURE : crozes-hermitage, saint-joseph, anjou-villages...

Sainte-maure-de-touraine

Le Val de Loire ? Un royaume pour la chèvre. Fromage en forme de bûche, le sainte-maure-de-touraine est l'une des plus importantes productions caprines de cette région. La Touraine, c'est également un vignoble d'une grande richesse, qui fournit des vins blancs parfaitement adaptés au fromage. En rouge, le paysage sensoriel peut se révéler tout aussi magnifique, avec par exemple un saumur.

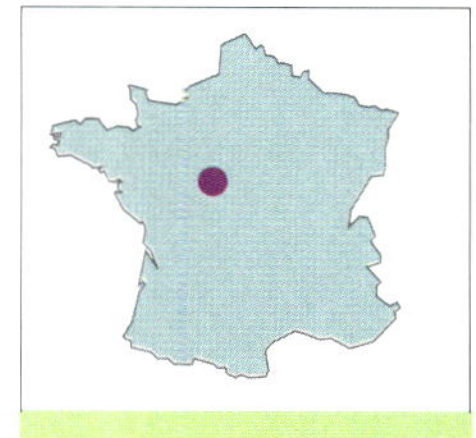

AOC 1990

Paysage de Touraine : Les cultures se partagent entre céréales, fourrages et vignes.

Une des spécialités caprines de Touraine

Plein de charme avec ses halles et son château, le bourg de Sainte-Maure, au sud de Tours, a donné son nom à un fromage reconnu en 1990 en AOC. Son élaboration associe soixante-dix-neuf fermiers, quatre laiteries, deux cents apporteurs de lait, deux affineurs collectant une quarantaine de producteurs. Les volumes commercialisés sont en hausse : plus de 50 % en cinq ans. Le terroir s'étend sur le département de l'Indre-et-Loire et les cantons limitrophes de la Vienne, du Loir-et-Cher et de l'Indre.
Il regroupe plusieurs régions naturelles aux potentialités différentes, qui produisent des fourrages (foins de luzerne et de graminées) et des céréales utilisées en complément de l'alimentation. Les ensilages sont peu employés et en forte régression. Les troupeaux, constitués par les races Saanen et Alpine, sont majoritairement conduits en stabulation.

Sainte-maure et sainte-maure-de-touraine

De ces deux fromages, seul le second bénéficie de l'AOC, et porte le logo correspondant. Il comporte une paille de céréale placée à l'intérieur de la pâte dans le sens de la longueur. Cette paille indique le nom de l'appellation ainsi qu'un numéro d'identification de la fromagerie et un numéro de lot.

Type
Fromage de chèvre
Lait cru (en pratique) et entier

Fermiers
39 %

Affinage
7 jours

Forme
Bûche tronconique

Longueur
16 à 20 cm

Poids
250 g

Aire
Touraine (sud du Loir-et-Cher, avec extensions dans le Cher et l'Indre)

Production
1 070 t

Le sainte-maure-de-touraine et le vin

Sur un fromage jeune, un touraine issu de pineau de la Loire

La Touraine offre une palette de vins tout à fait adaptés au fromage. Avec un touraine blanc issu de pineau de la Loire (chenin), on prendra plutôt un fromage jeune. L'odeur caprine légère qui s'en dégage se plaît à rencontrer les arômes du vin, qui associent l'acacia, le miel, les fruits secs, le coing et parfois les agrumes. Délicatement salé, légèrement acidulé et encore lactique, le sainte-maure-de-touraine jeune trouve dans le touraine blanc un ton très juvénile, avec un caractère vif mais non dénué de finesse. Une certaine minéralité se dégage du vin, enveloppée par la douceur du fromage. L'harmonie est aussi visuelle, entre les tons bleu-gris ardoise, la pâte blanche à ivoire du fromage et la robe d'or du touraine.

Vins d'accompagnement

VINS BLANCS SECS : touraine pineau de la Loire et vins de la Loire issus de chenin sur un fromage jeune ; touraine sauvignon et autres vins provenant de ce cépage sur un fromage plus affiné (pouilly fumé, sancerre, bordeaux sec...)
VINS ROUGES LÉGERS : saumur, anjou, touraine...

Sur un fromage affiné, un touraine né de sauvignon

Plus affiné, le fromage développe des notes animales capriques, des arômes de noisette et de champignon. Un touraine issu de sauvignon formera alors une alliance parfaite. Son nez, évoquant le bourgeon de cassis, les agrumes ou les fruits exotiques, est à la hauteur de la dimension aromatique du sainte-maure. Un beau croisement olfactif. Le plaisir se prolonge en bouche, avec une vivacité de bon aloi qui « dope » un fromage d'abord ferme puis fondant.

En rouge, un saumur

Plus difficiles à marier, les vins rouges doivent être suffisamment tendres. En exprimant une douceur toute angevine, le saumur sait parler au sainte-maure-de-touraine. Fruits rouges, nuances florales et accents d'épices s'étoffent au contact des odeurs noisetées du fromage. Sans agressivité en bouche, le saumur lisse le palais. Sa rondeur, son expression fruitée forment une belle complémentarité avec le sainte-maure. Le charnu de la cerise pénètre ainsi le fromage en donnant à l'ensemble une réelle harmonie, tant en matière d'arômes que de texture. On choisira plutôt un fromage de printemps, aux senteurs florales et aux notes lactiques.

La fabrication

Deux litres de lait de chèvre sont nécessaires à l'élaboration d'un sainte-maure-de-touraine. Du lait cru (bien que le décret ne l'impose pas) et obligatoirement entier. Jamais de caillé congelé. La coagulation, lactique, fait intervenir une faible quantité de présure et dure environ vingt heures. Après moulage à la louche du caillé dans des récipients tronconiques, l'égouttage du fromage dure de trente-six à quarante-huit heures. Démoulé, le fromage est salé avec un mélange de sel fin et de poudre de charbon de bois, et ressuyé une journée. Il s'affine alors en hâloir durant sept jours minimum, entre 10 et 15 °C. Sa surface se couvre de moisissures qui lui donnent son goût caractéristique et son aspect velouté. À l'issue de l'affinage, le fromage contient au minimum 45 % de matière grasse.

Le service et les saisons de dégustation

Le sainte-maure-de-touraine est une bûche tronconique, présentant une couverture fine, régulière, gris cendré. La coupe, effectuée avec un couteau mince à lame droite et sans dents, est franche et lisse, la pâte homogène et compacte, blanc ivoire, la texture fine et fondante. Le fromage est plus onctueux à l'automne et plus parfumé au printemps et en été.

Saint-nectaire

Un sacré fromage que le saint-nectaire ! Produit dans l'Auvergne volcanique, c'est un sage qui plaît à beaucoup et s'adapte à de nombreux vins. En jouant la carte régionale, on appréciera l'accord plein de vivacité avec un côtes-d'auvergne. On pourra aussi goûter l'alliance souple et fruitée avec un côtes-du-rhône.

AOC 1955

Type
Pâte pressée non cuite
Lait cru (41 %) ou pasteurisé
Fermiers
41 %
Affinage
3 semaines
Forme
Cylindre plat
Diamètre
21 cm
Hauteur
5 cm
Poids
1,7 kg
Aire
Auvergne (à cheval sur le Cantal et le Puy-de-Dôme)
Production
13 500 t

Baptisé sous Louis XIV

C'est au cœur des monts d'Auvergne que naît le saint-nectaire. Son ancêtre serait le « fromage de gléo » (du nom de la paille de seigle servant à son affinage) que le seigneur Henri II de Senecterre, devenu maréchal de France, fit connaître à Louis XIV vers 1650. Adopté par le Roi-Soleil, le fromage prit le nom du prestigieux militaire. Sa notoriété connut ensuite une longue éclipse en raison de la concurrence d'autres fromages, comme ceux de Hollande. Intendant d'Auvergne vers 1730, Trudaine, s'il favorisa le développement des transports vers Paris, par l'Allier et la Seine, envisagea de substituer la fabrication de gruyère à celle du fromage local. La tentative échoua. À l'occasion des guerres de la Révolution et de l'Empire, les Auvergnats découvrirent les fromages de Hollande et puisèrent dans ces fabrications des moyens d'améliorer la qualité. En 1955, le saint-nectaire a accédé à l'appellation d'origine contrôlée.

Au pays des lacs et des volcans

À cheval sur les départements du Puy-de-Dôme et du Cantal, le pays du saint-nectaire se compose des massifs montagneux des monts Dore et d'une partie du Cézallier. L'herbe y est omniprésente, grâce à d'intenses précipitations et à un sol volcanique des plus riches. Si la commune de Saint-Nectaire possède avec son église du XIIe siècle un joyau de l'art roman, la véritable capitale du saint-nectaire, c'est Besse-en-Chandesse, pittoresque bourg fortifié.

À l'opposé du cantal, le saint-nectaire a toujours été élaboré par de petites exploitations. Une activité spécifiquement féminine, les hommes s'occupant de la traite, des soins aux animaux et des travaux extérieurs. D'abord consommé sur place, le fromage trouva rapidement des débouchés commerciaux, notamment à Clermont-Ferrand. Jusqu'en 1960, seule la production fermière existait. L'industrialisation de la

Église romane de Saint-Nectaire.

transformation a engendré au sein de l'appellation un fromage dit laitier. Les producteurs fermiers sont au nombre de deux cent quatre-vingt-dix. Les laiteries produisent un tonnage légèrement supérieur.

Le saint-nectaire fermier

Le lait de vache, qui provient du seul troupeau de la ferme, est caillé en général immédiatement après la traite. Transvasé dans la « baste » ou, plus souvent, dans une cuve en Inox, il est ensuite emprésuré. La coagulation dure environ une heure. Avec un tranche-caillé appelé localement la « menove », le caillé est brisé. Le sérum est séparé à l'aide du « mouissadou », sorte de planche que l'on tourne lentement dans la cuve pour rassembler le caillé. Cette tome est découpée en gros cubes qui sont déposés et tassés dans des moules. Un pressage progressif s'ensuit, généralement effectué aujourd'hui à l'aide d'une presse pneumatique. Une marque indélébile, constituée d'une plaque de caséine verte de forme ovale, est apposée au centre de l'une des faces du fromage. Y sont inscrits les mots « saint-nectaire fermier » et le numéro d'immatriculation du producteur. Le fromage est démoulé puis salé sur ses deux faces et à nouveau remis en moule pour subir un dernier pressage entrecoupé d'un ou deux retournements. Après douze à vingt-quatre heures de pressage, il est démoulé et mis à sécher pendant quelques jours. Il est ensuite transféré dans sa cave d'affinage. Plusieurs lavages à l'eau salée sont effectués pour former le croûtage recherché. La durée minimale d'affinage est de trois semaines, mais certains fromages peuvent séjourner en cave de six à huit semaines.

Le saint-nectaire laitier

Le lait stocké, la plupart du temps, pendant quarante-huit heures chez le producteur est ramassé par la laiterie pour être généralement pasteurisé. Ensemencé en levains lactiques et emprésuré, il est mis à coaguler pendant environ trente minutes. Le décaillage précède le découpage du caillé qui est ensuite moulé. Après un premier pressage, les fromages sont salés, généralement en saumure, puis placés dans une salle de séchage, le hâloir, avant d'être transférés en cave d'affinage pour trois semaines au minimum. La plaque de caséine signalant le saint-nectaire laitier est de forme carrée.

Le service et les saisons de dégustation

Le saint-nectaire, pâte demi-ferme pressée, possède une croûte fleurie. Il présente, selon le stade d'affinage, des moisissures spécifiques blanches, rouges ou jaunes. À côté du format standard, il existe un petit saint-nectaire de 600 grammes environ. La pâte doit être onctueuse et souple, sans être coulante. Quelques petites ouvertures sont recherchées mais sans excès. Le saint-nectaire révèle une grande finesse aromatique axée sur la noisette. Et si ce merveilleux fromage présente une odeur de cave, de champignon ou de terre, cela ne peut lui être reproché. Il exprime ainsi toute sa personnalité et son histoire. C'est en été et en automne qu'il est le meilleur.

Les caves clermontoises : du vin au fromage

Très peu de producteurs fermiers pratiquent eux-mêmes l'opération délicate de l'affinage ; la plupart vendent leurs fromages chaque semaine à des affineurs qui se chargent de la mener à bien. Les affineurs sont établis pour la plupart à la périphérie du massif. Le vignoble auvergnat ayant beaucoup régressé depuis la crise phylloxérique du XIXe siècle, d'anciennes caves à vins situées à Clermont-Ferrand ou dans sa banlieue, comme à Aubière, servent de caves d'affinage au saint-nectaire.

Le saint-nectaire et le vin

Accord régional avec un côtes-d'auvergne

L'Auvergne est plus renommée pour son plateau de fromages que pour ses vins. Et pourtant, le Puy-de-Dôme était le troisième département viticole français avant la crise du phylloxéra qui dévasta le vignoble. Classés en AOVDQS, les côtes-d'auvergne naissent entre la montagne, terre d'élection du saint-nectaire, et la plaine de Limagne. Les vins rouges, majoritaires dans le vignoble, se marient avec grâce avec le saint-nectaire. Le gamay, parfois assemblé avec le pinot noir, donne des vins légers et fruités qui rencontrent aisément un fromage mettant du temps à devenir fort. Aussi, sur la grande majorité des saint-nectaire consommés vers un mois d'affinage, le côtes-d'auvergne s'avère un choix judicieux. La douce saveur de noisette du saint-nectaire est mise en valeur par l'alliance avec la cerise bien mûre et d'autres fruits rouges, accompagnés de notes épicées. La pâte du fromage, onctueuse au point parfois d'être collante, s'associe parfaitement à une certaine vivacité due au caractère légèrement acidulé du vin. Un accord frais et tonique, comme l'air des volcans d'Auvergne.

Accord facile avec un côtes-du-rhône

La production des vins des côtes d'Auvergne étant néanmoins restreinte (moins de 20 000 hectolitres), et sa diffusion également, on peut indiquer une autre association, moins régionale, avec un côtes-du-rhône rouge. S'il est déjà agréable avec des fromages jeunes, l'accord est encore plus intéressant sur des saint-nectaire mûrs. Ceux-ci offrent une belle croûte au fond orangé, plus ou moins recouverte de moisissures. Selon le type d'affinage, et notamment le nombre ou la qualité des lavages, la croûte peut présenter un aspect gris souris plus ou moins marqué. Une odeur caractéristique se dégage de la surface du fromage, souvent un peu terreuse, rappelant la cave. La pâte, toujours savoureuse, est plus noisetée que lactique. Les côtes-du-rhône, appellation régionale produite dans six départements de la vallée du Rhône, se présentent sous différentes facettes : il peut s'agir de vins aptes à la garde, riches et tanniques, ou de vins légers et fruités. C'est ce deuxième type qu'il faut rechercher pour accompagner le saint-nectaire, de façon à privilégier le côté aromatique ; on évitera ainsi que la matière du vin ne fasse obstacle à l'accord. Produits sur des sols légers, ces vins naissent aux alentours de Nyons, par exemple. De la souplesse, des saveurs fruitées, de la réglisse et un côté un peu épicé : de quoi satisfaire l'accord avec un fromage qui possède une relative facilité d'adaptation dans ses alliances tout en faisant preuve d'une belle personnalité à travers sa grande finesse aromatique.

Vignoble des côtes-d'auvergne.

Vins d'accompagnement

VINS ROUGES LÉGERS ET FRUITÉS : côtes-d'auvergne, saint-pourçain, beaujolais, touraine gamay, anjou, côtes-du-rhône de type souple...

Salers

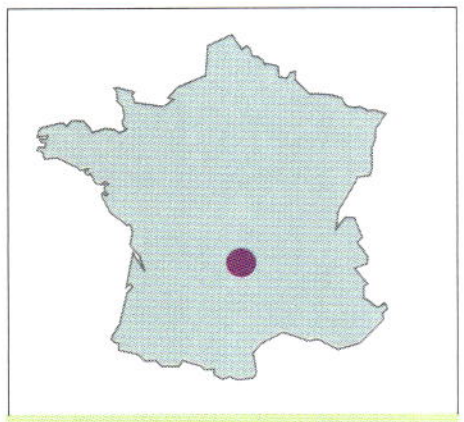

AOC 1961

Type
Pâte pressée non cuite
Lait cru et entier
Fermiers
100 %
Affinage
3 mois minimum
Forme
Cylindre
Diamètre
38 à 48 cm
Poids
30 à 50 kg
Aire
Auvergne (Cantal)
Production
1 200 t

Le salers est un imposant fromage de vache produit uniquement à la ferme, dans les hautes terres volcaniques du massif du Cantal. À sacré caractère, il faut le soutien de vins à la fois charpentés et soyeux : hermitage, corton-charlemagne ou meursault en blanc, côtes-de-provence ou châteauneuf-du-pape en rouge. Car sous une apparente rusticité, le salers cache un trésor de générosité.

Difficile à traire, la belle vache Salers n'est plus guère élevée pour son lait.

Un fromage saisonnier né en altitude

Au sein du massif cantalien, la région de Salers et ses fromages, de type cantal, ont bénéficié très tôt d'une notoriété particulière. En 1961, une appellation d'origine contrôlée est venue protéger ses produits fabriqués en altitude à la belle saison. Cette dénomination spécifique visait à distinguer la production fermière ancestrale de la production en laiterie, l'appellation cantal, définie en 1956, ne faisant aucune différence entre les deux types. Elle ne mit pourtant pas un frein à l'abandon du système ancestral de fabrication en buron (cf. p. 45), dû principalement à des problèmes de main-d'œuvre. Aussi les obligations relatives au « salers haute montagne » tombèrent-elles parfois dans l'oubli, celle de l'altitude minimum par exemple.

Un lien au terroir réaffirmé

Ce n'est que très récemment que les producteurs ont souhaité resserrer le lien avec le terroir. Ils peuvent désormais offrir des garanties d'authenticité aux consommateurs. L'aire d'appellation a été réduite ; elle s'est recentrée sur les terres d'origine volcanique où la pousse de l'herbe est la meilleure. Les éleveurs qui n'utilisent que le lait de la race Salers peuvent distinguer leurs fromages (en apposant en empreinte sur une des faces du fromage la mention « tradition salers » et des représentations de têtes de vache Salers sur le pourtour). Ils ne représentent qu'une minorité (treize producteurs aujourd'hui), contrairement à l'idée répandue, étant donné les contraintes imposées par la traite de ces animaux (obligation de la présence du veau) et des faibles quantités de lait produites. Les autres possèdent principalement des vaches Montbéliardes et quelques-uns des Prim'holstein. Une des caractéristiques majeures du salers, c'est sa production saisonnière, qui ne peut commencer avant le 15 avril et ne peut perdurer au-delà du 15 novembre. Elle coïncide avec la belle saison, lorsque les animaux sont à l'herbe. Les compléments d'alimentation sont strictement limités tant en qualité qu'en quantité. Autre point essentiel, le salers est une production totalement fermière. Le lait ne peut provenir que d'un seul troupeau et doit être transformé à la ferme même.

Moulage et démoulage du salers.

La fabrication longue et pénible d'un fromage de garde

Il faut 400 litres de lait pour fabriquer une fourme de 40 kilogrammes. Le lait est employé cru et travaillé immédiatement après la traite, encore chaud. Afin de préserver une température idéale de 32 °C et d'obtenir un ensemencement en flore lactique, il est réceptionné pendant la traite dans la « gerle ». Dans ce récipient en bois de châtaignier ou de chêne, d'une contenance adaptée à la quantité de lait fournie par le troupeau, sont réalisés l'emprésurage, le caillage et le décaillage. Cette dernière opération consiste à découper le caillé en petits morceaux à l'aide de la « fréniale ». Les grains de caillé sont ensuite rassemblés à l'aide de l'« atrassadou », planche en bois munie d'un manche. En utilisant le « poset », espèce d'écuelle que l'on tient par une boule centrale, le fromager retire de la gerle une grande quantité de petit-lait. Comme pour le cantal, le caillé est transféré dans une toile vers un presse-tome, ou « catchaïre », où il subit plusieurs retournements, découpages et pressages successifs pour éliminer le maximum de lactosérum. De même, la tome est mise à mûrir, puis brisée, salée et brassée, avant d'être mise dans les moules. Une empreinte comportant le nom de l'appellation est apposée à ce moment-là sur une des faces du fromage.

Le moule employé possède une forme particulière. Il est composé de trois pièces qui s'ajustent parfaitement : la tresse, le corps du moule et l'assiette. La tomme n'est pas au contact direct avec le moule puisque celui-ci est tapissé d'une fine toile de lin qui sert de drain. Tout le travail du fromager, qu'on appelle là-bas le « vacher », consiste à travailler le caillé puis la tomme pour en faire un fromage de garde. Si la durée d'affinage du cantal est d'un mois minimum, celle du salers est obligatoirement d'au moins trois mois.

Le salers peut être affiné et vendu directement à la ferme, mais la plupart des producteurs – une petite centaine – vendent leurs fromages à un affineur. Une moitié d'entre eux élaborent également du cantal fermier en dehors des périodes autorisées pour le salers. Des jeunes s'installent pour fabriquer du salers, preuve que ce travail est reconnu. C'est vraiment ce que l'on peut souhaiter quand on voit la ténacité de ces fermiers qui, deux fois par jour, perpétuent les gestes ancestraux d'une fabrication longue et pénible dans le souci de faire partager ce que l'Auvergne a de meilleur.

Le salers et le vin

De la structure et de la rondeur

Avec son caractère de montagnard bien trempé, le salers n'est guère facile à marier. Les vins légers perdront tous leurs moyens devant le colosse, les vins trop tanniques se heurteront à son caractère entier. Curieusement, certains vins blancs peuvent tenter leur chance, tel un hermitage, un corton-charlemagne ou un meursault. On les choisira suffisamment mûrs et pourvus de la rondeur nécessaire pour apprivoiser l'amertume et le fond d'acidité du fromage. Le salers est en effet sensible à la structure des vins.

Vins d'accompagnement

VINS ROUGES ASSEZ STRUCTURÉS ET RONDS sur un fromage jeune : côtes-de-provence, bandol, les baux-de-provence, crus des coteaux-du-languedoc, faugères, saint-chinian, minervois la livinière...
VINS ROUGES PUISSANTS ET MÛRS sur un fromage affiné : châteauneuf-du-pape, gigondas, patrimonio.
VINS BLANCS MÛRS STRUCTURÉS ET RONDS : meursault et autres vins d'AOC communales bourguignonnes ; hermitage.

Les rouges en vedette : un côtes-de-provence sur un salers jeune

Ce sont généralement les vins rouges qui procurent les plus belles sensations. À trois mois, quand d'autres fromages ne sont plus que poussière, le salers sort des fonts baptismaux. Un côtes-de-provence rouge sera l'ami du moment. Assemblage de syrah, de cinsault, de mourvèdre, de tibouren, de carignan et de cabernet-sauvignon dans des proportions variables, ce vin se montre fruité dans sa jeunesse puis épicé, voire animal avec l'âge. Il formera un très bel accord aromatique avec un salers aux notes de beurre, de crème, assorties de pointes végétales et déjà d'un soupçon de fruits secs. La bouche du côtes-de-provence est assez ronde, même si elle peut présenter un caractère un peu rustique sur des vins jeunes. Mais la rondeur est toujours associée ici au volume et à la puissance. Un beau reflet pour le fromage.

...un châteauneuf-du-pape sur un salers de six mois

Après six mois, le salers atteint la maturité. Sa croûte est épaisse, fleurie, sa pâte d'un beau jaune et les odeurs qu'il dégage à la coupe sont un vibrant appel à un vin rouge de caractère, tel le châteauneuf-du-pape. Ce fleuron de la vallée du Rhône, qui peut être issu de treize cépages différents, signe là un accord magistral. De la puissance, mais dans le respect mutuel. Aucune agressivité, mais une expression aromatique maximale. L'un libère des arômes de noisette, de vanille, soutenus par des nuances d'herbe fraîche, des notes animales et parfois empyreumatiques. L'autre y répond par des notes épicées, fruitées, mais aussi sauvages, animales, empyreumatiques. Une joute spectaculaire dans un palais solide mais voluptueux, associant la puissance alcoolique du châteauneuf-du-pape et son étonnante matière à la pâte compacte, salée et un rien amère du salers. Encore faudra-t-il laisser le temps aux deux protagonistes de convaincre : le salers doit être suffisamment étoffé et le châteauneuf-du-pape avoir passé au moins cinq hivers en cave.

Selles-sur-cher

L'un des fromages de chèvre tourangeaux. Ses saveurs acidulées et salées, ses arômes capriques et ses notes de fruits secs offrent, en rouge, au saint-nicolas-de-bourgueil et, en blanc, au pouilly fumé ou au cour-cheverny un beau terrain d'expression.

AOC 1975

De l'élevage familial à l'atelier spécialisé

Vache du pauvre, la chèvre a longtemps été présente dans toutes les fermes de Touraine. Chaque foyer en possédait au moins une. Le fromage, écoulé sur les marchés, fournissait un revenu d'appoint. Le nom de selles-sur-cher apparaît dans les transactions commerciales à la fin du XIXe siècle. La spécialisation de l'élevage caprin ne remonte qu'aux années 1950, encouragée notamment par les travaux de l'INRA de Nouzilly, près de Tours. Le fromage a bénéficié d'une AOC en 1975.

Le château de Selles-sur-Cher.

Le terroir

L'aire du selles-sur-cher recoupe en partie celles des deux autres fromages tourangeaux d'appellation, le sainte-maure-de-touraine et le valençay. Elle s'étend au sud du Loir-et-Cher, sur les gâtines de Montrésor et la Sologne, et sur quelques communes du Cher et de l'Indre, vers la Champagne berrichonne. Les troupeaux de race Saanen et Alpine sont principalement conduits en stabulation. L'alimentation doit provenir de l'aire d'appellation. La production, en progression constante (200 tonnes en 1991) associe quarante producteurs fermiers, trois laiteries et quatre affineurs.

Type
Fromage de chèvre
Lait entier et cru (dans la pratique)

Fermiers
38 %

Affinage
10 jours

Forme
Cône tronqué

Diamètre
7 à 8 cm

Hauteur
3 cm

Poids
55 g

Aire
Sud du Loir-et-Cher avec des extensions dans le Cher et l'Indre

Production
640 t

Le selles-sur-cher et le vin

En rouge, la souplesse et le fruité d'un saint-nicolas-de-bourgueil

Si la préférence va aux vins blancs, certains rouges peuvent convenir : on évitera les vins tanniques, car ils laisseraient une impression de dureté, pour retenir ceux dont l'attrait réside dans la légèreté et le fruité, tel le saint-nicolas-de-bourgueil. Le cabernet franc donne dans cette appellation de la Touraine un vin qui s'adapte aux saveurs acidulées et salées du fromage. Souple, frais et fruité, il donnera du tonus à l'accord qui se conclura par un côté friand très agréable sur des fromages assez jeunes. Le vin, lui aussi, devra être jeune.

Vins d'accompagnement

VINS ROUGES LÉGERS ET FRUITÉS sur un fromage jeune : saint-nicolas-de-bourgueil et certains bourgueil, touraine, saumur, saumur-champigny, anjou, anjou-villages, beaujolais...
VINS BLANCS SECS : pouilly fumé et autres vins de sauvignon de la Loire ou du Sud-Ouest (sancerre, quincy, reuilly, menetou-salon, bergerac sec, bordeaux sec, côtes-de-duras) ; cour-cheverny.

Les blancs à l'honneur : pouilly fumé et cour-cheverny

En blanc, le choix est vaste. On retiendra deux vins de Loire : le pouilly fumé et le cour-cheverny. Le premier, issu de sauvignon, se montre à la fois frais et riche. Il convient à tous les fromages, quel que soit leur stade d'affinage. La saveur acidulée du selles-sur-cher rencontre agréablement un pouilly fumé doté d'une certaine matière qui conforte l'alliance. La pâte du fromage est souvent assez ferme, surtout quand celui-ci est jeune. Elle est rapidement solubilisée par le pouilly fumé, dans un beau dégagement aromatique qui mêle les notes noisetées et capriques du fromage aux subtils accents de fruits mûrs, d'acacia et de cassis apportés par le vin.
Plus insolite mais tout aussi convaincant, l'accord avec un cour-cheverny. Né du cépage romorantin, ce vin blanc libère au nez des notes de miel et de fleur d'acacia qui s'allient bien avec les senteurs capriques du selles-sur-cher ; sa bouche équilibrée entre le minéral et le fruité s'harmonise avec les nuances de noisette du fromage. Il y a de l'élégance et de la fraîcheur dans ce mariage, qui donne envie de dénicher ce vin confidentiel (pas plus de 2 000 hectolitres commercialisés).

La fabrication

Il faut 1,4 litre de lait entier pour fabriquer un selles-sur-cher. Même si ce n'est pas obligatoire, c'est du lait cru qui est utilisé. Le caillé est obtenu par coagulation lactique avec une faible addition de présure, au bout d'environ vingt heures. Il est moulé à la louche dans des moules individuels tronconiques : il ne doit pas être brisé. Il s'égoutte quelque vingt-quatre heures, puis le fromage est démoulé, salé avec un mélange de sel fin et de poudre de charbon de bois et ressuyé une journée. Il est ensuite placé dans un hâloir entre 10 et 15 °C pour être affiné. Durant cette phase (dix jours à compter du début de la fabrication), les moisissures qui lui donneront son aspect et son goût se développent.

Le service et les saisons de dégustation

Le selles-sur-cher est un palet tronconique. Sa couverture est gris cendré avec un dessin marbré, sa coupe mate, lisse, compacte, sa pâte blanche, sa peau solidaire.
Sa saveur apparaît salée et acidulée, avec des arômes capriques, des notes de fruits secs et de champignon plus ou moins intenses selon l'affinage. La texture est pâteuse sur un fromage jeune, fondante sur un fromage plus affiné. Le selles-sur-cher est plus onctueux à l'automne, plus parfumé et subtil au printemps et en été.

Tome des Bauges

Production traditionnelle née des alpages, la tome des Bauges vient d'un massif savoyard préservé, où les pâturages le disputent à la forêt. Cette pâte pressée non cuite conclura avec le bordeaux rouge une belle alliance marquée par la rondeur et le fruité. Plus affinée, elle se plaira avec un vin de Savoie du cépage mondeuse.

AOC 2002

La forteresse calcaire des Bauges

À cheval sur le département de la Savoie et de la Haute-Savoie, le massif des Bauges fait partie des Préalpes calcaires. Ses contreforts impressionnants, dominant les cluses d'Annecy, de Chambéry, la Combe de Savoie jusqu'à Albertville, lui donnent des airs de citadelle. Pour accéder au cœur de la montagne, il faut franchir un col. À l'écart des migrations humaines des vallées, les « Baujus » ont gardé un caractère volontaire et industrieux. Ils ont su maintenir et défendre leurs productions traditionnelles, telle la tome des Bauges, qui vient de bénéficier d'une AOC. En patois savoyard *toma* signifie « fromage fabriqué dans les alpages ». La spécialité, fort ancienne, semble avoir surtout été destinée à la consommation domestique. À l'origine, elle figurait au nombre des fromages maigres élaborés à partir de lait écrémé, la crème servant à fabriquer le beurre. Profitant comme partout en Savoie de l'arrivée des fruitières (ateliers coopératifs) vers 1860, elle s'est imposée sur les marchés régionaux.

Alpages et races autochtones

L'aire de production comprend dix-neuf communes en Haute-Savoie et trente-six en Savoie. Seuls les trou-

La tome des Bauges naît dans les Préalpes. Sa production, artisanale, est limitée.

Type
Pâte pressée non cuite
Lait cru partiellement écrémé

Fermiers
Près de 50 %

Affinage
5 semaines

Forme
Cylindre plat

Diamètre
18 à 20 cm

Hauteur
3 à 5 cm

Poids
1,1 à 1,4 kg

Aire
Massif des Bauges (Savoie et Haute-Savoie)

Production
500 t

peaux de race Montbéliarde, Abondance, Tar ne sont admis, ces deux dernières étant encouragées (chaque troupeau devra être constitué, d'ici dix ans, d'un minimum de 50 % d'une de ces deux races). Leur alimentation exclut tout fourrage conservé par fermentation – par ensilage ou enrubannage – et, dans un secteur humide où la pratique de l'alpage est encore vivace, privilégie l'herbe – herbe pâturée l'été et foin l'hiver.

Une production résolument artisanale et locale

Les producteurs ont souhaité sauvegarder le caractère artisanal et local de la tome des Bauges en limitant la production laitière par vache (5 500 kilogrammes de lait par an) et les quantités de lait collectées par les entreprises ou traitées par les fermes (pas plus de 5 000 tonnes par société et par an, pas plus de 30 tonnes par an pour avoir droit à la dénomination « fromage fermier »). Pour maintenir des exploitations laitières sur tout le massif, un nombre suffisant d'ateliers et conserver les techniques de fabrication du fromage, le rayon de collecte a été limité à 15 kilomètres par la route. Aussi la tome des Bauges fournit-elle des volumes très modestes. Près de la moitié est fabriquée à la ferme et en alpage. Quatre fromageries-fruitières et vingt-cinq fermiers assurent l'essentiel de l'offre. Quatre-vingts producteurs de lait sont concernés.

La fabrication : la tradition à chaque étape

La tome des Bauges est fabriquée à partir de lait cru. Ce lait est ensemencé en levain selon des méthodes traditionnelles avec emploi de recuite (macération de caillette de veau dans du lactosérum), maturation de lait ou maturation de lactosérum. Sur le lait ayant fait l'objet d'une maturation, l'écrémage ne peut se faire que par un « crémage à la pôche » – un instrument traditionnel en forme de pelle – et non à l'aide de l'écrémeuse habituelle.

La fabrication est réalisée dans une cuve en cuivre. Après décaillage, la taille du grain de caillé est celle d'un grain de maïs. Le caillé est brassé pendant une dizaine de minutes avant d'être chauffé entre 35 et 40 °C, puis à nouveau brassé. Il est alors moulé, manuellement ou par gravité, mais en aucun cas par un brutal soutirage à la pompe. Le pressage des fromages s'opère par l'empilement des tomes, dans les moules, les unes sur les autres, par trois ou quatre, pendant sept heures au moins. Quatre retournements sont effectués au minimum. Le salage se fait manuellement et à sec, sauf dans les ateliers laitiers qui

Fabriquée dans une cuve de cuivre, la tome des Bauges s'affine longuement sur des planches d'épicéa.

peuvent saler en saumure.
L'affinage dure au moins cinq semaines, avec de fréquents retournements. Les fromages reposent sur des planches en épicéa provenant du massif. Ils portent la mention « tome des Bauges » sur une plaque de caséine, verte pour les productions fermières et rouge pour les laitières.
La tome des Bauges possède une croûte épaisse de 2 à 3 millimètres. L'apparition de petites taches (appelées « fleurs ») de couleur jaune-rose ou rouge est l'indice d'un affinage plus long. La pâte, un peu ferme, jaune ou crème, peut présenter de petites ouvertures.

Tomme de Savoie et tome des Bauges

Pâte pressée non cuite, relativement maigre (de 25 à 45 % de matière grasse), la tomme de Savoie est assez proche de la tome des Bauges, mais n'est pas toujours fabriquée à partir de lait cru. Elle peut être élaborée sur l'ensemble du massif des Alpes du Nord, dans les deux départements de la Savoie. Aussi les volumes mis sur le marché sont-ils sans commune mesure (8 000 tonnes pour la tomme de Savoie). La production est réalisée pour 90 % des volumes dans des ateliers de transformation. La tomme de Savoie bénéficie d'une indication géographique protégée (IGP).

La tome des Bauges et le vin

Sur une tome jeune, la rondeur fruitée d'un bordeaux

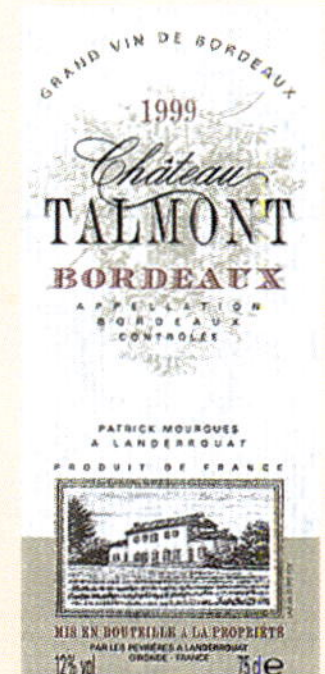

La tome des Bauges aime les vins rouges. Jeune, elle s'accommodera d'un bordeaux d'appellation régionale, issu d'une aire de production assez vaste. Il s'agit d'un vin d'assemblage, alliant dans des proportions variables les cépages merlot, cabernet-sauvignon et cabernet franc. À cinq semaines, la tome des Bauges est souple et moelleuse. Le bordeaux rouge, avec son côté rond et fruité, enveloppe avec précaution un fromage encore très délicat. Le goût de noisette de la tome des Bauges entame une aimable conversation avec les notes de petits fruits rouges (cerise ou cassis) développées par le bordeaux. Pour que cet accord révèle toute sa finesse, il faut choisir un vin ni trop corsé, ni trop tannique.

Sur une tome affinée, la puissance d'une mondeuse

À partir de deux mois, la tome des Bauges voit sa croûte devenir de plus en plus fleurie. Les creux et les bosses de cette croûte tourmentée donnent un aspect presque lunaire à ce fromage pourtant si terrien ! Son goût plus relevé nécessite un vin puissant, mais qui devra rester très fruité. On le trouvera dans l'appellation vin-de-savoie. Connue pour ses blancs, l'AOC offre avec le cépage mondeuse un vin qui vaut le détour. Cette variété se plaît précisément sur la rive droite de l'Isère, le long du massif des Bauges. Elle donne des vins à la robe très profonde, pourpre aux reflets presque noirs. Des tons sombres mais chatoyants, qui s'accordent avec la couleur de la croûte. L'expression fruitée du vin (cassis, cerise ou framboise), avec des nuances épicées, est en parfaite adéquation avec les notes de noisette, de grillé, légèrement amères, et les saveurs désormais plus piquantes de la tome des Bauges. Lorsqu'ils sont jeunes, les vins de Savoie du cépage mondeuse sont très tanniques. Aussi choisira-t-on un vin vieilli, aux tanins fondus.

Vins d'accompagnement

VINS ROUGES FRUITÉS ET RONDS sur un fromage jeune : bordeaux, premières-côtes-de-blaye, côtes-de-bourg, premières-côtes-de-bordeaux, graves-de-vayres, bergerac, côtes-de-bergerac, buzet, côtes-de-duras, bourgueil, chinon, anjou-villages...
VINS ROUGES STRUCTURÉS ET MÛRS sur un fromage affiné : vin-de-savoie mondeuse, madiran, châteauneuf-du-pape, gigondas, patrimonio...

Valençay

Valençay... un nom gourmand qui désigne aussi bien un vin frais et aromatique qu'un fromage de chèvre produit dans le Berry. Une pyramide tronquée qui s'alliera avec les vins de la région.

AOC 1998

Type
Fromage de chèvre
Lait cru
Fermiers
45 %
Affinage
7 jours
Forme
Pyramide tronquée
Côté
7 à 8 cm (base)
Hauteur
6 à 8 cm
Poids
220 g
Aire
Département de l'Indre avec des extensions dans le Cher
Production
200 t

Talleyrand, châtelain de Valençay

Si la présence de chèvres dans le Berry est fort ancienne, les premières mentions de ce fromage ne sont pas antérieures au XIXe siècle. Son aspect serait dû à Talleyrand, châtelain de Valençay. Au cours d'un repas orageux réunissant Napoléon et son ministre des Relations Extérieures, l'empereur pointa son couteau vers le buffet où trônaient d'innocentes pyramides (telle était la forme du fromage que Talleyrand faisait venir de ses domaines aux Tuileries). Et d'exploser : « Et cette campagne d'Égypte, c'est vous qui me l'aviez conseillée ! » Le lendemain, Talleyrand lui fit livrer des pyramides décapitées, et fit changer la forme des moules à fromage. La spécialité, aujourd'hui reconnue en AOC, est fabriquée par vingt producteurs fermiers, trente éleveurs vendant aux affineurs et quatre laiteries.

Le terroir

Le cœur de l'aire d'appellation, au sud du Bassin parisien, est la région agricole du Boischaut Nord ou Gâtine (région de Loches, Valençay, dans l'Indre). S'y rattache une partie de la Champagne berrichonne, autour de Levroux et d'Issoudun. La chèvre y occupe les flancs de vallée et les terrains non cultivables. Les sols limoneux et argilo-calcaires sont adaptés aux cultures de graminées, de légumineuses (luzerne) et de céréales. Les premières, sous forme de foin, sont la base de l'alimentation des caprins, les secondes viennent en complément, avec, plus rarement, des produits d'ensilage. Font aussi partie de l'aire d'appellation un secteur du Boischaut Sud, ainsi qu'une partie de la Brenne, région aux nombreux étangs, où les « buttons », petites collines plus sèches, sont réservés aux chèvres.

Le château de Valençay.

Est exclue la frange méridionale du département, granitique et plus arrosée. Brunes (Alpine chamoisée) ou blanches (Saanen), les chèvres pâturent à la belle saison ou vivent toute l'année en stabulation.

La fabrication

Il faut environ 2 litres de lait pour fabriquer un valençay. Seuls sont autorisés le lait cru et le caillé frais. Dans la fabrication fermière, le caillage, obtenu avec peu de présure, est long (dix-huit à vingt-quatre heures). Le moulage, manuel, est suivi d'un ou deux jours d'égouttage. Après démoulage, le fromage est placé sur des claies, salé avec un mélange de sel et de poudre de charbon de bois, et mis à ressuyer. Suit l'affinage en hâloir, durant sept jours minimum, au cours duquel le valençay se couvre de moisissures qui lui donnent son goût caractéristique et un aspect velouté. Un peu différente, la fabrication laitière fait intervenir des ferments lactiques dans la coagulation du lait.

Le service et les saisons de dégustation

Le valençay existe en deux formats (220 et 110 grammes). Une étiquette (fuschia pour les fromages fermiers) l'entoure sur ses quatre faces. On le coupera avec un couteau à lame courte et fine. Le fromage se consommera plutôt en dehors des mois de décembre et de janvier, période de tarissement des chèvres. Il est plus onctueux à l'automne, plus parfumé au printemps et en été.

Le valençay et le vin

Un valençay sur le plateau et dans le verre

Valençay est à la fois le nom d'un fromage et d'un vin VDQS, produit sur une aire comprenant treize communes du département de l'Indre et une commune de Loir-et-Cher qui porte le nom d'un autre fromage de chèvre d'AOC : Selles-sur-Cher. Dans cette région du Val de Loire, les sols se partagent entre vignes, fourrages et grandes cultures. Cette réalité pousse à privilégier un accord local, d'ailleurs justifié au palais. L'AOC offre à la fois des vins rouges et des blancs, à boire plutôt jeunes (de deux à quatre ans). Les premiers trouveront dans le fromage jeune de quoi pleinement s'exprimer.

Produits à partir de l'assemblage des cépages gamay, cot, cabernets et pinot noir, ils sont marqués par une belle palette aromatique, sur une base de fruits rouges et d'épices. Leur fruité accompagne avec bonheur un fromage pourvu de délicates nuances lactiques et d'une agréable saveur acidulée.

À fromage jeune, vin rouge, à fromage affiné, vin blanc

Avec l'affinage, la croûte, initialement blanche à grise, devient bleutée. Les odeurs de sous-bois se font plus intenses, tandis qu'en bouche, la noix fraîche et les fruits secs se développent. Le temps est venu de passer au blanc. Issu des cépages sauvignon et chardonnay, le valençay blanc tire de cet assemblage une jolie fraîcheur et un profil aromatique végétal et fruité. De quoi faire alliance avec le fromage, dont le côté salé, affirmé par l'affinage, s'accommode parfaitement d'un vin blanc vif, qui laisse une impression rafraîchissante. De quoi gravir quelques marches supplémentaires dans la pyramide du goût...

Vins d'accompagnement

VINS ROUGES LÉGERS ET FRUITÉS sur un fromage jeune : valençay, touraine, anjou, saumur...
VINS BLANCS SECS sur un fromage affiné : valençay, touraine sauvignon, pouilly fumé, sancerre...

Vins rouges

APPELLATION VIN	FROMAGE	PAGE
Ajaccio	Brocciu passu	40
Alsace pinot noir	Mont d'or	85
Arbois poulsard	Bleu de Gex	31
	Morbier	88
Beaujolais	Beaufort (jeune)	24
	Camembert de Normandie	43
Beaujolais-villages	Reblochon	114
Beaune	Brie de Meaux	37
Bordeaux	Tome des Bauges (jeune)	139
Bourgogne passetoutgrain	Fourme de Rochefort-Montagne	69
Bourgueil	Neufchâtel	94
Cahors	Bleu d'Auvergne	26
Chassagne-montrachet	Brie de Meaux	37
Châteauneuf-du-pape	Salers (affiné)	134
Châtillon-en-diois	Picodon (jeune)	106
Chinon	Abondance	18
Cornas	Bleu des Causses	28
Costières-de-nîmes	Pélardon (jeune)	100
Coteaux-d'aix-en-provence	Banon	21
Coteaux-du-languedoc	Pérail	103
Côte roannaise	Fourme d'Ambert	65
Côte-rôtie	Rigotte de Condrieu (affinée)	117
Côtes-d'auvergne	Saint-nectaire	131
Côtes-de-provence	Salers (jeune)	134
Côtes-du-forez	Fourme de Montbrison	67
Côtes-du-jura poulsard	Bleu de Gex	31
	Morbier	88
Côtes-du-rhône	Saint-nectaire	131
Côtes-du-ventoux	Bleu du Vercors-Sassenage	34
Crozes-hermitage	Saint-marcellin (affiné)	126
Faugères	Cantal (entre-deux ou vieux)	46
Fleurie	Charolais (affiné)	53
Gevrey-chambertin	Brie de Melun	37
Haut-médoc	Cantal (entre-deux ou vieux)	46
Irancy	Chaource (affiné)	51
Irouléguy	Ossau-Iraty	97
Madiran	Roquefort	123
Marcillac	Laguiole (affiné)	72
Mercurey	Morbier (affiné)	88
Monthélie	Brie de Meaux	34
Patrimonio	Brocciu passu sec	40
Pomerol	Comté	58
Pommard	Brie de Meaux	37
Saint-aubin	Brie de Meaux	37
Saint-chinian	Pélardon (affiné)	100
Saint-émilion gd cru	Maroilles	82
Saint-nicolas-de-bourgueil	Selles-sur-cher	136
Saint-romain	Brie de Meaux	37
Saint-pourçain	Chabichou du Poitou	48
Santenay	Brie de Meaux	37
Saumur	Sainte-maure-de-touraine	128
Saumur-champigny	Cantal (jeune)	46
Sancerre	Crottin de Chavignol (affiné)	61
Savigny-les-Beaune	Brie de Meaux	37
Touraine	Camembert de Normandie	40
Vacqueyras	Pont-l'évêque	109
Valençay	Valençay (jeune)	141
Volnay	Brie de Meaux	37
Vin-de-savoie Chautagne	Abondance	18
Vin-de-savoie mondeuse	Beaufort (affiné)	24
	Chevrotin	55
	Tome des Bauges (affinée)	139

Vins blancs

APPELLATION VIN	FROMAGE	PAGE
Alsace gewurztraminer	Munster (jeune)	91
Alsace gewurztraminer (V. tardives)	Maroilles	82
	Munster (affiné)	91
Alsace tokay-pinot gris	Chaource (jeune)	51
Alsace tokay-pinot gris (V. tardives)	Époisses	63
Anjou	Camembert de Normandie (jeune)	43
Arbois	Morbier	88
	Comté	58
Arbois vin jaune	Comté	58
Bonnezeaux	Livarot	77
Bourgogne blanc	Reblochon	114
Cassis	Rocamadour (affiné)	120
Chablis	Chaource (jeune)	51
Chassagne-montrachet	Époisses	63
Château-châlon	Comté	58
Condrieu	Rigotte de Condrieu (jeune)	117
Corton(-charlemagne)	Beaufort (vieux)	24
Coteaux-du-layon	Camembert de Normandie (jeune)	40
	Pont-l'évêque	109
Côtes-de-provence	Pérail	103
Côtes-du-jura	Comté	58
	Morbier	88
Côtes-du-jura vin jaune	Comté	58
Cour-cheverny	Selles-sur-cher	136
Crépy	Reblochon	114
Crozes-hermitage	Picodon (affiné)	106
Gaillac sec	Laguiole (jeune)	72
Graves	Cantal (jeune)	46
Haut-poitou	Chabichou du Poitou	48
Hermitage	Beaufort (vieux)	24
Irouléguy	Ossau-Iraty	97
Jurançon moelleux	Bleu d'Auvergne	26
Jurançon sec	Saint-marcellin (jeune)	126
L'étoile	Mont d'or	85
	Morbier	88
Mâcon-villages	Mâconnais (jeune)	79
Patrimonio	Fourme de Rochefort-Montagne	69
Pouilly fuissé	Mâconnais (affiné)	79
Pouilly fumé	Selles-sur-cher	136
Quincy	Pouligny-saint-pierre	111
Reuilly	Pouligny-saint-pierre	111
Roussette-de-savoie	Abondance (affiné)	18
	Beaufort (affiné)	24
Rully	Charolais	53
Saint-aubin	Langres	74
Saint-joseph	Banon	21
Saint-pourçain	Chabichou du Poitou	48
Sancerre	Crottin de Chavignol (jeune)	61
Sauternes	Roquefort	123
Sauvignon-de-saint-bris	Pouligny-saint-pierre	111
Savennières	Brie de Meaux	37
Touraine	Sainte-maure-de-touraine	128
Valençay	Valençay (affiné)	141
Vin-d'entraygues-et-du-fel	Rocamadour	120
Vin-de-savoie Abymes	Abondance	18
Vin-de-savoie Chignin bergeron	Chevrotin	55
Vouvray moelleux	Maroilles	82

LES ACCORDS IDÉALS

Vins rosés

APPELLATION VIN	FROMAGE	PAGE
Côtes-de-provence	Pérail	103
Touraine noble-joué	Pouligny-saint-pierre	111

Vins doux naturels

APPELLATION VIN	FROMAGE	PAGE
Banyuls	Bleu des Causses	28
Maury	Fourme d'Ambert	65
Muscat du cap corse	Brocciu (frais)	40

LISTE DES FROMAGES

Fromages de vache

Fromages de brebis

Fromages de chèvre

* *Le brocciu est issu d'un lait de mélange (brebis et chèvre).*

Édition
Catherine Montalbetti

Secrétariat d'édition
Christine Cuperly

Conception graphique
Graph'm / François Huertas

Réalisation
Graph'm

Lecture - correction
Évelyne Werth

Crédits photographiques

CDT 37 : 127

D. Czap : couverture ; 3, 15, 19 (haut), 32.

D.R. : 68.

Fromagerie Pont de la Pierre : 66

GRAPH'M (photos de fromages) : 16, 22, 25, 27, 29, 35 (x 2), 38, 41, 44, 47, 49, 52, 54, 56, 59, 62, 64, 70, 73, 75, 78, 80, 83, 86, 89, 92, 95, 98, 101, 104,107, 110, 112, 118, 121, 124, 127, 129, 132, 135, 137, 140.

SCOPE
J.-L. Barde : 11 (gauche), 28, 45, 64, 65 (x 2), 71, 72, 95, 96, 99 (x 3), 102 (x 3), 103, 120, 122 (x 3), 123, 129, 130, 131, 132, 133 (x 2).
P. Beuzen : 39.
M. Colonel : 33.
C. Gesquière : 36
D. Gorgeon : 115 (bas).
J. Guillard : 8, 10 (x2), 11 (droite), 17, 19, 20, 22, 23, 29, 30, 31, 34, 49, 52, 54, 57, 60 (x 2), 62, 66, 70, 73, 74, 75, 76, 77, 78, 80, 81, 82, 83, 85, 87, 92, 93 (x 2), 94, 97, 104, 105 (x 2), 106, 108, 112, 114, 115 (x 2), 116, 124, 125 (x 2), 126, 135,137, 138 (x 2), 141.
M. Guillard : 38, 47, 61, 90 (en haut à droite), 110, 140.
N. Hautemanière : 9, 60 (milieu).
R. Huitel : 40.
F. Jalain : 89.
D. Taulin-Hommell : 90 (x 2).

PHOTOTHÈQUE HACHETTE LIVRE : 6, 7, 25, 42, 69, 70, 113, 119.

C. Sarramon : p 117

Imprimé en Espagne par Graficas Estella
Dépôt légal : 18649 - avril 2002
ISBN : 2 01236 6864
23.51.6686.01.2